느린듯 앞서는
거북이의

# 새벽울림

느린듯 앞서는
거북이의

# 새벽울림

노병두 지음

# 차례

## 22  영업 철학 (ACTION)
### ① A : Attitude (태도)

- 26   상상휴
- 28   우리의 가치
- 30   긍정적인 생각, 긍정적인 태도가 중요하다
- 32   무슨 일이든지 마음에 그리는 대로 이루어진다
- 36   숲에서 보는 지혜
- 39   숲에서 보는 지혜2
- 42   자연에서 배우는 의미
- 45   조직은 긍정심리자본이 좌우한다
- 48   조직의 긍정심리자본2 (말의 힘)
- 51   목표달성의 신념
- 53   왜 주인의식이 중요한가?
- 56   스스로 좋아하는 직장으로 관점을 바꾸자
- 59   고수의 생각법
- 61   사람은 어떻게 대해지느냐에 따라 달라진다
- 64   어려움을 이겨내는 힘 그 자체가 성장이다
- 67   회장님의 추도일을 맞이하여...
- 70   목표를 설정할 때 마술은 시작된다
- 72   자기 최면을 거는 방법은?
- 74   이왕이면 즐기듯 일을 하자
- 77   목표의식이 곧 주인의식이다

## 82  영업 철학 (ACTION)
### ② C : C-Cycle (완성)

- 85   기업이 미래에 생존하기 위한 Keyword는?
- 86   사소한 변화가 혁명을 만든다
- 90   무엇을 선택할 것인가?
- 92   마침표와 쉼표
- 94   지속적인 변화만이 살 길이다
- 97   함께하는 지혜
- 99   일상이 모여 인생을 이룬다
- 101   인생에는 없는 3가지
- 104   사람의 한계는 어디까지일까?
- 107   일상의 관성에서 탈피해야 하는 이유
- 110   왜 변화와 혁신이 필요하는가?
- 113   혁신이란 멀리 있지 않다
- 116   위기의 신호를 기회로 만들어야 한다
- 120   과정을 점검해보는 습관을 기르자
- 123   벤치마킹의 힘
- 125   변화의 속도를 리드하려면?

## 132 영업 철학 (ACTION)
### ③ T : Try (실천력)

- 134 퀀텀점프(Quantum Jump)
- 136 모범을 보여라
- 138 운이 아니라 공이다
- 140 시장지배력을 높이려면
- 143 자기 지역의 전문가
- 145 "내일"이 아니라 "오늘"이다
- 148 성과란?
- 150 꾸준함이야말로 최고의 경쟁력이다
- 154 하루 0.5%씩 밀린다면 어떻게 될까?
- 157 뜻을 함께하는 것이 회사다
- 159 열정은 전염된다
- 161 삶은 땀을 먹고 자란다
- 163 열정적으로 행동하면 열정적인 사람이 된다
- 165 무엇이든지 시작해보는 것이 중요하다
- 167 경쟁에서 이기려면?
- 169 일을 통해 자신의 성장을 도모하자

## 174 영업 철학 (ACTION)
### ④ I : Innovation (혁신)

- 177 철학이 있는 영업활동
- 180 I BEST 3 운동
- 182 스스로의 잣대로 한계를 넘어서자
- 184 절박함이 답이다
- 187 전화위복의 지혜
- 189 올바른 과정 관리
- 192 품격 있는 직장생활, 품격 있는 영업활동은 뭘까?
- 195 목표를 어떻게 설정하느냐의 문제가 결과를 좌우한다
- 197 구성원을 목표에 공감하게 하자
- 200 전쟁에서 배우는 전략과 경영 (전쟁의 기술)
- 202 멋진 상상으로 출발하자
- 206 현실의 안주에서 벗어나야 성장한다
- 209 작은 일을 소중하게 생각하는 사람이 성공한다
- 212 영업활동은 창의적인 행위이다
- 215 호모사피엔스의 진화와 영업활동의 비교
- 218 지금 어떻게 해야 하는지?
- 221 2015년 유종의 미를 거두자
- 223 우리는 계획한 대로 만들어낸다
- 226 회사는 어떤 곳이 되어야 할까?

## 230 영업 철학 (ACTION)
### ⑤ O : Open mind (열린 마음)

- 232 과거의 성공보다는 현재가 중요하다
- 234 나의 상상휴
- 237 소통의 힘
- 240 팀워크는 결과가 아니라 과정이 결정한다
- 243 또 다른 시작을 위하여
- 246 안전지대를 넓혀가야 한다
- 249 사람이 일을 만들어낸다
- 251 새로운 시작을 위한 재충전의 휴가
- 255 기적 같은 만남과 고유성
- 257 관점의 차이?
- 260 어느 구름에서 비가 내릴지 모른다
- 263 목표달성을 위한 몰입이 주는 행복을 느끼고 있는가?
- 266 구성원의 공감대가 중요하다
- 269 우주의 중심은 누구인가?
- 272 긍정적인 말로 시작하자
- 274 문화가 중요하다

## 280 영업 철학 (ACTION)
### ⑥ N : Never ever give up (절대 포기하지 마라)

- 283 만약에
- 285 영업활동하는 의미
- 287 집중력의 힘
- 289 긍정의 관성법칙
- 292 기적의 순간은 없다
- 295 삶의 두 기둥
- 298 절대 포기하지 말고 임하면 결과는 의외로 좋다
- 301 2015년 대미를 장식하려면?
- 302 포기하지 마라
- 306 먼 미래

## 310 영업 철학 (ACTION)과 5-Action전략에 대해 (종합편)

- 315 진정한 차별화 영업 (Differentiated business)이란 무엇일까? : 2 Action
- 317 어떻게 해야 적정량의 재고를 유지하는가? : 3 Action
- 320 내가 생각하는 Gold-Zone : 4 Action
- 323 성장동력을 키우려면 3 NEW : 5 Action
- 325 주 1회 방문이 주는 의미 : 1 Action

"영업은 수많은 경우의 수를 아우르는
가장 창조적인 활동이다"

책을
내면서

지난 5년 동안 후배들을 독려하기 위해 매일 아침마다 보냈던 휴대전화 문자메시지가 그냥 없어지는 것이 아쉽던 참에 입사 30년을 맞아 책으로 엮었다.

그동안 모은 내용이 상당히 많지만 그 중에서도 작년에 보냈던 내용 가운데 일부를 발췌했다. 뭔가 부족한 사람이 이렇게 책이란 형태로 세상을 대하려니 부끄러운 마음이 앞서지만 후배들에게 조금이라도 보탬이 되려는 마음으로 실행하기에 이르렀다.

책 제목을 "새벽울림"으로 정한 것은 새벽을 알리는 것이 자명종이었고 하루를 시작하는 긍정의 메시지라는 점에서 울림이라는 말이 공감으로 다가왔다. 더군다나 후배들의 울림을 위해서 시작한 작은 습관이 되돌아보면 나의 자명종이었고 나의 울림이었음을 깨닫는다.

회사를 대표하는 영업조직은 아침시간이 상당히 중요하고 그 날의 마음가짐이 그 날을 좌우할 만큼 긍정적인 마인드가 필요하다. 그래서 아침 일찍 그룹웨어에 08시 이전까지 메일을 보내기 위해 주변 사람들과 담소 나눌 시간도 없이 매일 매달렸으나 좀 더 일찍이라는 아쉬움이 늘 남아 있었다.

그 아쉬움을 이겨내기 위해 더욱 노력했던 기억이 어렴풋이 또 다른 감회를 준다. 본사 출근 시에는 항상 불 꺼진 헬스장에 가장 먼저 불을 켜고 운동을 시작해서 07시 이전에는 그룹웨어를 통해 아침 메시지를 전달하려 노력했다.

현장을 방문할 때는 07시까지 가서 08시에 회의를 시작하는 등 그 당시의 열정은 대단했고 그 열정을 바탕으로 사업부는 좋은 모습으로 여기까지 오게 되었다고 본다. 그러니 모두가 알다시피 아침시간은 정말 빠르게 지나간다. 좀 더 일찍 직원들과 소통을 한다면 좋을 텐데 하는 갈증을 느끼고 있을 때, 그런 의미에서 좀 더 긍정적인 도구가 없나 고민하던 와중에 밴드라는 어플리케이션이 나와서 사업부 모든 이들과 소통할 수 있는 도구로 활용할 수 있어 더할 나위 없이 좋았다.

지금까지 일방적인 소통이었다면 밴드라는 어플은 양방향의 소통인 셈이다. 밴드를 통해 좀 더 일찍 서두르다보니 그 동안 계속해왔던 아침 운동을 포기해야 했다. 그래도 마음을 담아 보내는 아침 편지가 직원들에게 조금이라도 도움이 되길 바라는 마음에서 선뜻 아침 운동을 포기하고 여기까지 이른 것이다.

매일 아침 간절한 마음으로 지점장(지존들)그룹, 사무소장(열정리더)그룹, 담당자(열정 그 자체) 그룹, 그리고 나중에 DTC지점장(프리미엄)그룹, DTC사무소장(프리미엄)을 애칭과 함께 만들어 매일 아침 긍정의 소통을 해왔던 게 벌써 5년이 넘어가고 있다.

물론 서로에게 부담되는 작업이었음이 틀림없다. 매일 메일을 보내는 나도, 매일 답변댓글을 보내야 하는 후배들에게도 쉽지 않은 여정이었지만 서로가 통하는 시기에 아무 소식이 없으면 안부 전화를 할 정도의 밀착관계가 형성되는 면을 보면 부딪치지 않고 만들어지는 조직은 없을 것이다.

그런 면에서 밴드라는 어플이 주는 시너지는 상당했다고 생각한다. 결국 서로에게 작게나마 울림으로 작용했다고 보고 또한 책을 내면서 또 다른 울림으로 잉태하였으면 하는 바람이다. 그래서 마음을 움직이고 작지만 행동으로 옮겼으면 하는 바람으로 주제넘게 또 하나의 도전을 하게 된 점을 이해해줬으면 한다.

그동안 긍정의 울림으로, 서로 격려의 메아리로 화답해준 우리 직원들에게 다시 한 번 감사드린다. 그 직원들의 열정과 격려가 있었기에 오늘의 내가 있다는 점을 항상 고맙게 생각하고 그 고마운 마음을 가슴에 담고 싶다.

그리고 멋진 직장생활을 선도해주신 故 최수부 회장님, 항상 지원을 아끼지 않고 이끌어주신 최성원 부회장님, 사업부의 큰 버팀목으로 말없이 이끌어주신 김현식 사장님, 그리고 선후배님들께 지면으로나마 감사를 드릴 수 있어 더없는 영광이라고 생각한다.

오늘이 있기까지 인생의 동반자로서 격려를 아끼지 않은 아내 최현자, 그리고 이제 갓 결혼해 가정을 이룬 사위 진섭, 자기 일에 열정을 다하는 딸 주희, 민희, 그리고 항상 아빠를 닮고자 노력하는 아들 윤석이에게 고마운 마음을 전한다.

항상 살아가는데 조언을 아끼지 않으시며 흔쾌히 추천의 글을 써주신 김홍신 작가님, 이렇게 책으로 내기까지 용기를 주신 도서출판 지누 박성주 대표님, 훌륭한 재능을 통해 표지를 멋지게 만들어 주신 진공재 선생님 등 주변 사람들의 도움으로 여기까지 온 것에 대해 항상 감사드리고 더욱 열정을 다해 내 역할을 다하는 하나의 "울림"으로 남고 싶다.

**추천사**

**김홍신** 작가

날마다 새벽에 집을 나서야 하는 직장인들의 고단한 삶은 어쩌면 '놀고먹을 수 있는 비법이나 묘수'를 상상할지도 모릅니다. 그만큼 갈수록 사는 게 빡빡하고 고달프기 때문인 것 같습니다. 아니면 얼른 높은 자리를 차지하거나 더 나은 조건의 직장을 바라거나 아예 독립하여 번듯하고 남들이 부러워할 정도의 회사를 차려 많은 사람을 거느려 보고 싶은 꿈을 꿀 수도 있습니다.

대한민국에서 30년을 한 직장, 한 부서에서 버텨냈다면 도통했다는 소리를 듣기 십상입니다. 그만큼 한국인들은 절박한 시절에 오직 앞만 보고 애절하게 살 수밖에 없었습니다. 노는 법을 배운 적도 없고 놀 수 없을 만큼 다급했으며 놀면 나쁜 사람 취급을 받았습니다.

그래서 가진 것 없는 나라를 이만큼 성장시켰고 철조망에 가로막힌 섬나라 같은 나라를 이만큼 부강하게 만들었습니다.

그런 시대정신의 증인이자 한 직장에서 오로지 약국영업부분을 곧게 지켜온 광동제약 노병두 전무는 우리 시대 영업의 살아있는 교본이라고 할 수 있습니다. 그는 사람냄새가 향긋해서 많은 사람이 모여들고 그 인연을 잘 닦아서 널리 존경 받는 배려와 어울림의 달인이라는 평가를 받기에 모자람이 없습니다.

개성이 다른 구성원의 마음을 하나로 모으는 것은 지도자의 핵심 가치입니다. 직장인을 기업의 주인이라고 생각하도록 자존심을 부여하는 노병두 전무의 열정적인 규범은 광동제약의 창업정신을 느끼게 합니다.

그의 열정, 성실함, 진솔함, 탁월함, 휴머니즘, 흔들림 없는 당당한 걸음은 결국 제약업계의 독보적인 업적으로 평가 받을 수 밖에 없습니다.

5년 동안 한결같은 마음으로 동트자마자 '새벽울림'이란 글을 직원들에게 보내어 강한 결속력과 무엇이든 다 할 수 있다는 자신감과 마음을 다듬어가는 창의력을 다져주었습니다.

미래의 높은 가치를 예견하면서 조직의 긍정적 활성화를 위한 주인의식이 내재된 영업철학 5가지와 지속적인 환경조성을 모색하는 실천요강 5가지를 제시하는 묘미는 절로 만들어진 것이 아니라 '사람을 최고의 가치'로 삼는 그의 경천애인 정신 때문입니다.

느린 듯 하지만 결코 흔들림 없는 '거북이의 새벽'을 느끼게 하는 노병두 전무의 따뜻한 시선과 시대를 조명하는 혜안에 박수와 찬사를 보냅니다.

시대를 관통한 그의 정진은 희망이었기에 참 고맙습니다.

## 추천사

### 최성원 부회장

20년 넘게 보아온 저자 노병두 전무이사는 항상 밝은 미소와 부드러운 말씨로 상대방을 대하지만, 얘기를 나누다 보면 넘치는 에너지의 소유자라는 것을 금방 알 수 있습니다. 그런 에너지 덕분인지 광동제약이라는 한 직장에서 그리고 약국영업이라는 한 분야에서만 30여 년을 근무한 영업의 달인이자 전문가입니다.

우리 사회에서 약국영업을 한다는 것은 녹록하지 않은 일입니다. 하지만, 저자는 신입사원 시절부터 영업의 달인이셨던 故 최수부 회장님의 지도아래 본인만의 영업전략을 개념화했고, 이를 바탕으로 뛰어난 실적과 결과물을 창출해 낸 것으로 정평이 나 있습니다. 그리고, 이러한 성과는 단지 개인의 성과에 그치지 않고 사업본부를 이끌면서부터는 직원들에게는 매뉴얼로 발전하였고, 지금은 해당 사업부 구성원의 행동 지침이자 조직을 받치는 기둥이 되었습니다.

추천사를 부탁받고 읽어보니 이 책은 그 동안의 한 땀 한 땀의 열정과 노하우가 고스란히 담긴 보석상자와 같다는 생각이 들었습니다. 회사의 노하우를 외부로 유출하는 것이 아닌가 하는 걱정이 들 정도였지만, 그럼에도 불구하고 이 시대의 영업맨들에게 공유될만한 충분한 가치가 있다고 생각했기에 이렇게 기쁜 마음으로 추천사를 쓰게 되었습니다. 참고로 이 책은 직장의 후배들에게 매일 아침 보냈던 글귀들을 하나로 묶은 것입니다. 5년 동안 매일매일 글귀를 보내는 것은 힘든 일이지만, 저자는 즐거운 마음으로 빠짐없이 좋은 글을 보냈습니다. 그것은 제목이 말해주듯 오랫동안 광동제약의 아침을 밝혀주는 "새벽울림"이었습니다.

내용의 핵심을 이루는 영업철학 5가지와 행동지침 5가지에 대해 깊은 공감을 표하고 싶습니다. 책에서는 영업의 철학과 행동지침을 온전히 자기 것으로 만들 때 성취감이 충만해져서 업무만족도가 높아지고, 성과 역시 자연스럽게 따라온다고 하였습니다. 독자들도 저자가 현장에서 몸으로 체득한 노하우를 읽는 순간 영업을 보는 눈이 조금씩 넓어지는 것을 느낄 것입니다. "일은 사람이 한다"는 철학 아래 긍정적인 마인드를 기본으로 결속력을 강조하는 부분도 매우 인상이 깊습니다.

'느린 듯 앞서는 거북이의 새벽울림'은 마치 귀한 옥구슬을 한데 엮은 것처럼, 좋은 글귀들을 서재로 옮겨온 것 같아 반가운 마음이 듭니다. 무엇보다 저자의 깨달음에 대해 좀 더 자세히 알 수 있어서 좋았습니다. 독자들도 어렵지 않게 글에 담긴 큰 지혜를 발견할 수 있을 것이라고 생각합니다.

바쁜 업무 중에도 후배들을 위해 매일 아침 글귀를 보내는 일은 조직과 구성원에 대한 배려심 없이는 불가능한 일입니다. 그 노력과 정성을 모아 이렇게 좋은 책을 탄생시킨 저자에게 축하와 감사의 말을 전합니다. 단순한 지식을 넘어 길을 찾는 많은 이들에게 금과옥조(金科玉條)로 남기를 기대합니다.

| A | Attitude (태도) |
| C | C-Cycle (완성) Challenge, Change, Choice, Chance (도전, 변화, 선택, 기회) |
| T | Try (실행) |
| I | Innovation (혁신) |
| O | Open mind (열린 마음) |
| N | Never ever give up (절대 포기하지 마라) |

# Action
# Attitude

영업 철학 : 태도

## 영업 철학 (ACTION) : A : Attitude

### ❶ A : Attitude (태도)

"인생은 될 대로 되는 것이 아니라 생각대로 되는 것이다. 자신이 어떤 마음을 먹느냐에 따라 모든 것이 결정된다. 사람은 생각하는 대로 산다. 생각하지 않고 살아가면 살아가는 대로 생각한다."

〈조엘 오스틴, '긍정의 힘'에서〉

"태도는 사소한 것이지만, 그것이 만드는 차이는 엄청나다. 즉 어떤 마음가짐을 갖느냐가 어떤 일을 하느냐보다 더 큰 가치를 만들 수 있다."

〈윈스턴 처칠〉

"삶이란, 우리의 인생 앞에 어떤 일이 생기느냐에 따라 결정되는 것이 아니라, 우리가 어떤 태도를 취하느냐에 따라 결정된다." 〈존 호머 밀스〉

많은 사람들이 강조하는 태도(Attitude)는 우리가 살아가는 동안 많은 부분에 영향을 끼치고 있다고 본다. 우리가 졸업장이나 스펙을 갖추었다 하더라도 본인의 태도 여하에 따라 결과는 다르게 나타나는 것을 우리는 많이 보아 왔다.

그 이유는 뭘까?

아무리 좋은 대학을 나왔어도 일을 대하는 당사자의 태도가 부정적이라면 처음에는 다소 성과가 있을지라도 오래갈 수가 없을 것이다. 그만큼 일을 대하는 태도가 중요하기 때문이다.

그래서 인생에는 정답이 없다고 한다. 태어나면서부터 정해져 있다든지 졸업장이 대신해준다면 지금의 상위 1%도 전부 순서가 매겨져 있을 텐데 그건 아니지 않은가?

어떤 태도가 바람직하다는 것은 우리 영업현장에서도 모두 느끼고 실행해오고 있다. 목표를 향한 긍정적인 태도이다.

일을 못하는 사람들은 현실 도피적인 태도나 불평을 일삼고 핑곗거리를 찾는 데 온통 힘을 쏟곤 한다. 그런 사람들이 일의 성과가 좋으면 더 우쭐해 하면서 조직의 분위기를 저해하기도 한다. 이런 태도는 바람직하지 못하다.

정말 긍정적인 사람은 "과녁에 초점을 맞추는 사람이다". 목표를 달성하겠다는 긍정적인 태도의 소유자는 핑곗거리를 찾는 대신 목표를 달성할 수 있는 방법에 골몰하는 사람이다.

이런 긍정적인 사람은 자기와 자기 주변의 사람들에게 긍정적인 나비효과를 불러와 조직의 시너지를 낳는 사람들이다. 또한 결과를 두고 보면 전자의 경우 어쩌다 목표를 달성했다 하더라도 오래 가지 못하지만 후자처럼 긍정적인 태도의 소유자나 조직은 매번 발전을 거듭하며 일을 만들어내는 사람이다.

그래서 피터 드러커는 "미래는 예측하는 것이 아니라 만들어 가는 것이다."라고 했다. 그 말의 이면에는 이런 긍정적인 태도가 시장을 만들어 가고 목표지향적인 조직으로 성장을 이끈다는 점을 암시하고 있는 것이다.

"한 인간에게서 모든 것을 빼앗아 갈 수는 있지만 다만 한 가지, 자유는 빼앗아 갈 수 없다. 바로 어떠한 상황에 놓이더라도 삶에 대한 태도만큼은 자신이 선택할 수 있는 자유이기 때문이다."라는 빅터 프랭클의 글에서도 태도가 얼마나 중요한지를 알 수 있다.

정신과 의사이면서 아우슈비츠 수용소에서 살아나온 빅터 프랭클 교수의 〈죽음의 수용소〉에서 태도의 중요성을 역설하는 것은 태도(Attitude)가 일상생활에서나 직장에서 또는 영업현장에서 큰 성과의 차이를 초래한다는 점을 강조하고 있는 것이다.

어떤 태도(Attitude)를 취할 것인가?

　성공을 위한 기본은 바로 태도의 여하에 달려있다. 좀 부족해 보이더라도 태도가 올바른 사람들은 반드시 성공한다. 그래서 적극적인 태도, 목표지향적인 태도는 영업사원에게서 가장 중요한 덕목일거라 본다.

> **point**
> 상황이 아니라
> 상황에 대처하는 태도가
> 삶을 결정한다

## 상상휴

"행복을 상상하라.
주위의 모든 것과 하나라고 느끼는 순간에
기쁨과 감사로 충만해지는 기분을
느껴본 적이 있을 것이다.
기분이 좋을 때,
우리는 인생의 밝은 면만을 보게 된다.
우리는 이런저런 경험으로부터
한 가지 결론을 이끌어 낼 수 있다.
그것은 바로 우리가 삶에 대해 상상하는 것이
우리가 생각하는 것보다
삶에 훨씬 영향을 끼친다는 것이다."

〈기 코르노, '마음의 치유'에서〉

긍정적인 상상은 긍정적인 에너지를 불러와 우리에게 활력을 불어넣기 때문에 긍정적인 상상을 최대한 많이 해야 한다. 좋은 상상은 힘이 되고 끝없이 상상하면 결국 이루어진다. 상상의 에너지가 우리 삶에 활력이 되어 줄 것이다.

"상상휴"는 멀리 있는 게 아니라 바로 우리 곁에 있다. 단지 사람들이 멀게 느끼고 상상조차 안 하는 게 문제다.

그렇지만 우리는 "상상휴"에 대한 무수히 많은 경험을 갖고 있다. 그 밑바탕에 흐르고 있는 저변에서 자기 역할을 다했을 때의 성취감과 함께 했다는 것을 우리는 체험했었다.

모든 이의 이마에 흐르는 땀방울은 "행복한 성취감 = 상상휴"로 거듭날 것이다.

"상상휴란 생생한 휴가 계획을 마음속으로 그리며 구성원 모두 함께 한 방향으로 나아가는 것이다."

> 오늘의 일상에서
> 내일의 행복을 상상하라,
> 그대로 이뤄질 것이다

## 우리의 가치

히말라야에 사는 고산족들은 양을 사고 팔 때, 양의 성격을 테스트해보고 값을 정한다고 한다.

가파른 산비탈에 양을 풀어놓고, 양이 비탈 위로 풀을 뜯으러 올라가면 값이 비싸지고, 비탈 아래로 내려가면 싸진다. 그러니까 풀을 뜯으러 열심히 올라가는 녀석은 씩씩한 성격으로 쳐서 몸값이 올라간다는 거다.

힘들지만 더 높은 목표를 향해 나아가는 사람과 힘들기 때문에 핑곗거리를 찾아 편안한 길을 가는 사람이 있다면, 우리는 어느 쪽인가?

때로는 감히 넘보지 못할 목표에 도전하는 사람, 그런 사람이 바로 자신의 값어치를 높이는 사람일 것이다.

"OTC 123~"

혹시 지금도 거대한 순풍이 불어오길 기다리고 있지는 않은지? 지금 불어오는 바람이 역풍이라면 방향만 뒤로 돌면 순풍이다. 바로 생각의 차이가 모든 걸 결정한다.

어렵다고 생각하면 모든 게 힘들고 핑곗거리가 가득하지만 "할 수 있다."라고 생각하고 임하면 모든 게 가능성 천지다.

"목표를 향해 질주하는 태도가 그 사람의 가치이다."

그런 사람으로 똘똘 뭉쳐있는 사업부는 그 조직의 가치라고 본다. 그 일원과 함께하는 우리는 정말 멋진 가치를 지닌 조직임에 틀림없다고 본다.

"주어진 숫자에 끌려갈 것인가? 아니면 이끌 것인가?"

출근 준비를 하면서 함께 생각해 보고 스스로의 가치를 높일 수 있도록 하자!

회피는 나를 바닥으로 이끌지만 도전은 나를 목표로 이끈다

## 긍정적인 생각, 긍정적인 태도가 중요하다

"생각을 조심하라. 말이 된다.
말을 조심하라. 습관이 된다.
습관을 조심하라. 성격이 된다.
우리가 생각하는 대로 우리는 실현된다."

〈대처 영국수상〉

어떠한 생각으로 임하느냐가 전체를 좌우한다. 그래서 늘 긍정적인 생각과 말로 시작하는 습관을 가져야 좋은 운의 에너지를 만들어 갈 수 있다고 본다.

변화를 받아들이고 변화에 감사함으로써 행운이 시작되는 것이다. 왜냐하면 사람의 뇌는 상상과 현실을 구분하지 못하므로 스스로 만족하고 기뻐하고 행복해하는 만큼 좋은 운의 에너지를 상승시킬 수 있다고 본다.

긍정적인 말과 태도는 좋은 습관으로 이어지고 무의식 속에 자리를 잡는다. 그래서 인간은 90%나 되는 무의식을 좋은 습관으로 바꿔나가야 긍정적인 마인드가 생긴다.

결국 우리의 무의식은 우리가 꿈꾸는 모든 것들이 이루어지게 할 수 있을 만큼 강력한 것이다. 그래서 이 행운이라는 녀석은 성공해서 행복하다기보다는 행복해서 성공할 수 있다고 한다.

아주 사소한 변화가 무의식을 변화시키고 사람을 변화시키고 조직을 변화시킨다.
"I BEST 3운동"
내가(I) 기본적(Basic)이고 쉽고(Easy) 작은(Small)것이라도 오늘(Today) 실천해보는 3가지 운동을 말하는 것으로 작은 변화가 우리를 일으켜 세우도록 하는 운동이다.

사소한 자기 주도 변화 프로그램을 지속적으로 실천하면 자기는 물론 조직에 엄청난 시너지가 생긴다는 점에서 간과해서는 안 되기에 지속적인 실천이 필요한 것이다.

> 매일매일의 긍정적인 하루가 모여
> 긍정적인 삶을 만든다

## 무슨 일이든지 마음에 그리는 대로 이루어진다

카르마(karma) : 업
업이란? 카르마라고도 하며 현상을 만들어내는 원동력이다. 생각한 것이 원인이 되며, 그 결과가 현실이 된다. 그러므로 어떤 생각을 하는가가 가장 중요하다. 즉 "인생은 마음에 그린 대로 이루어진다. 강렬하게 생각하는 것이 현실로 나타난다." 〈이나모리 가즈오, '카르마 경영'에서 〉

어려운 여건에서도 "할 수 있다.", "해야 한다."는 각오로 멋지게 마무리해준 모습에 박수를 보낸다. 모두 수고 많으셨고, 일은 남이 시켜서 하면 힘들지만 자기가 주도적으로 진행하면 즐겁고 신이 날거라 생각된다.

예를 들어 새벽에 일찍 일어나 골프를 치기 위해 먼 길을 마다하지 않고 골프장으로 가는 사람과 아침 일찍 일어나 골프장으로 가는 캐디의 마음은 어떠할까?
한 사람은 돈을 쓰는 사람이고 한 사람은 돈을 버는 사람인데도 후자인 캐디의 마음이 골퍼보다 신나지 않은 이유는 일이라고 생각하기 때문일 것이다.

그래서 일을 즐기듯 하는 사람을 따라갈 수 없다고 한다.

"생각이 곧 실적이다."

우리가 어렵다고 생각하면 어려운 일만 눈에 띄고 문제점만 보이게 된다. 하지만 "할 수 있다. 해야 한다."는 절박한 심정으로 생각을 집중하고 골몰하다 보면 방법이 생기고 해결점을 찾을 수 있었던 경험이 많았던 것으로 기억한다.

결국 어떤 생각, 어떤 태도로 임하는 것이 좋은지 알 수 있을 거라고 생각된다.

긍정적인 생각과 긍정적인 태도가 우리에게 일어나는 모든 일을 잘되게 만들어순다고 본다. 그것을 브라이언 트레시는 "인과 관계의 법칙"이라고도 하는데, 현재는 과거에 행했던 일의 결과에 지나지 않는다고 한다. 그렇다면 미래에 좋은 일들을 꿈꾼다면 지금 어떻게 해야 하는지 답이 나온 거나 다름없다.

지금 하는 행동들이 모여 미래를 결정한다는 뜻이다. 거창한 계획보다는 자기가 바로 실천할 수 있는 일들을 영업현장에서 하나하나 진행하다 보면 어느새 변화되고 있는 자신을 발견할 수 있을 것이다.

예를 들어 요일별 코스의 첫 거래처 도착시간을 09시 30분으로 정한다고 했을 때 이는 누구라도 실천가능한 일이지만 또 어려운 일이기도 하다. 그러나 의지력을 갖고 매번 임하다 보면 분명 아무 것도 아닌데 스스로에게 자신감이 가득하고 자신이 지켜왔던 사소한 방문의 시작이 약사님에게는 신뢰를 줄 수 있을 뿐 아니라 자기 스스로에게도 약속을 지키고 있다는 사실에 기분이 좋아지고 습관으로 거듭날 수 있다. 그런 점에서 "I BEST 3운동"은 꼭 필요하다고 본다.

자기가 할 수 있는 내용 3가지만이라도 지속해보는 게 무엇보다 중요하다는 점을 강조하고 싶다.
영업의 기본적인 방문활동의 TOOL인 5-Action을 자기 것으로 만들어 가려는 과정 하나하나가 인생의 터닝포인트로 거듭 날 수 있다는 점을 우리는 알아야 한다.

"무슨 일이든지 마음에 그린대로 이루어진다."

목표에 대한 강한 집념과 과정 하나하나에 긍정적인 생각을 가지고 사소하지만 실천가능한 내용부터 5-Action을 통해 자기 것으로 만들어가는 사람은 자기가 가고자 하는 방향대로 자기 자신을 이끌어간다고 본다.

"할 수 있다."는 긍정적인 생각을 가지고 하나하나의 과정을 기본원칙에 입각하여 실천해 나간다면 이번에도 멋지게 마무리가 가능할 것으로 보이니 파이팅하자!

누가 시켜서 하는 일이 아니라 우리 스스로 주도하는 일로 승화시켜 이번에도 멋진 마무리를 만들어내자.

무언가가 이뤄지지 않았을때 스스로에게 물어보라!
당신은 그만큼 간절했는가?

## 숲에서 보는 지혜

"숲은 모두가 함께 어울리면서 강하고 아름답게 만들어간다."

숲속의 나무를 빨리 키우고 싶은 욕심에 비료를 듬뿍 주면 나무는 빨리 자라지만 자연에 적응해온 균형이 무너져 생태계가 불안정해지기 쉽다. 특히 질소 성분이 상대적으로 많아지면 뿌리보다 지상부가 빨리 자라기 때문에 바람에 훨씬 취약해진다. 숲에서는 욕심보다 인내를 덕목으로 삼아야 한다.

결국 우리에게 주어진 조직이나 거래처도 마찬가지이다. 어렵다고 해서 기본을 무시한 정책을 통해 매출을 올린다면 그 시기에는 쉽게 넘어가더라도 바로 어려움에 봉착하는 것을 그동안의 경험에서 알 수 있다. 따라서 어렵더라도 기본을 지키는 게 중요하다고 강조하곤 한다. 이것이 정도 영업의 힘이다.

5-Action의 힘은 성과가 빨리 나타나지는 않지만 사업부라는 테두리에서 지켜지고 다듬어간다면 뿌리가 깊은 영업력이 생길 것이다. 서로에게 어울리려면 상생이라는 측면에서 생각해 볼 필요가 있다. 혼자 산다면 자기 하고 싶은 대로 해도 되겠지만 이 또한 그리 오래가지 못한다는 점을 모두가 알고 있을 것이다.

상생은 주고받음이다. 동료에게 좋은 사례를 선물하는 것 이상 좋은 게 없다. 그 동료의 좋은 사례를 내 것으로 만들려는 구성원이 많은 집단은 강하다.

그런 점에서 우리 사업부는 가치가 있다고 감히 자부한다. 지금 경기가 어렵고 명절 전의 매출은 상당히 더디게 가고 있지만 이러한 상황에서도 좋은 모습으로 매출을 올리는 동료를 벤치마킹해야 한다. 그래야 서로 좋은 모습으로 발전한다.

자기가 꿈꾼 직장이 아니었어도 자기가 꿈꾸는 직장으로 만들어 가는 것은 오직 자기 자신이라고 생각한다.

나무도 처음에는 같은 크기로 시작해서 서로 햇빛을 더 많이 차지하려고 경쟁한다. 각각의 나무들은 경쟁에서 밀리지 않기 위해 가장 효율적인 생장전략을 만들어 온몸으로 살아남으려 한다. 그래서 나무 모양이 일정하지 않게 나타난다. 그때 그 모양은 그곳에서 가장 잘 살아나기 위한 몸부림의 흔적이다. 이런 식으로 이웃 나무와의 관계를 새로 설정하며 살아가다가도 에너지가 소진되면 스스로 사라진다.

어떤 한 장소에서 살고 있는 나무의 개체 수와 나무의 평균부피의 관계는 일정하다는 것, 즉, 한 장소의 수용력은 정해져 있어

나무의 덩치가 늘면 개체숫자를 줄여야 한다는 것은 시사점이 있다.

우리의 조직도 마찬가지이다. 스스로 성취감을 맛보지 못한 사람은 누가 나가라 하지 않았는데도 스스로 그만두는 게 직장의 생태계이다. 그래서 일시적인 성과가 아닌 지속가능한 성과를 나타내는 환경으로 만들어 가는 게 중요하다는 것이다. 어떻게 만들어 갈 수 있을까? 우리가 지금까지 이루어낸 궤적을 이해한다면 누구나 가능해진다. 기본(5-Action)에 충실해야 하는 것이다.

심호흡(하나부터 다섯까지 세고 숨 멈추고 천천히 내쉰다) 한 번 하고 "오늘은 잘될 것이다."라는 긍정적인 생각과 함께 선택과 집중을 어떻게 할 것인지를 염두에 두면서 또 한 번의 심호흡을 같은 방법으로 한다. 마지막으로 한 번 더 심호흡을 하면서 마지막으로 선택과 집중했던 대상의 완성을 생각하고 아침을 시작하자! 멋진 하루가 될 것이다.

> 서로의 기본을 지키며 함께 어울리는 조직은 울창한 숲과 같아 쉽게 사라지지 않는다

## 숲에서 보는 지혜2

"좋고 나쁜 것은 미리 정해진 것이 아니라 어떤 관계로 설정되는가에 달려 있다."

우리가 숲속의 분위기를 살펴보면 큰 나무인 교목만 존재하는 것이 아니라 교목 중에서도 침엽수와 활엽수 그리고 관목들과 그 아래 잡초 같은 풀이 있고 더 밑에는 이끼류가 서식한다.

숨 쉴 공간도 없이 칡덩굴로 뒤덮여 있는 숲은 황폐화 과정을 밟고 있다고 보면 된다. 그러나 나무와 나무 사이의 공간에 바람길이 있고 서로의 간격이 일정한 보조를 맞추고 교목과 관목, 그리고 건강한 이끼류가 있는 숲은 자연상태에서 선의의 경쟁을 통해 황금비율을 만들어낸다. 그러나 우람한 교목만을 좋아한 나머지 다른 나무들은 베어 없애고 큰 나무만 놔두면 뿌리에 기생하고 공생하는 박테리아가 없어 성장을 멈추거나 서서히 고사하고 만다.

우리의 제품도 마찬가지이다. 주어진 거래처와 품목들을 볼 때 한두 제품으로만 매출을 달성해 간다면 다른 품목들이 단종되어 갈 수밖에 없다. 그리고 남들이 별로 팔지 않은 품목을 A라는 약국에서 판매하고 있을 때 전체적인 생산계획을 수립하기가 어려워 품절이 다반사이고 어느 정도 시기가 지나면 단종된다. 그러면 거래처의 신뢰를 잃기 쉽다. 우리는 이런 모순된 영업활동을 자행해 온 적이 있었다. 그 시절을 생각하면 지금도 암울하기 짝이 없다고 본다.

자기 책임구역 안에 주어진 품목의 포트폴리오에 대한 책임은 담당자가 쥐고 있다. 그럼 어떻게 하는 게 효율적인 품목관리일까?

주요 제품의 저변확대는 기본이고 매월 가동되도록 만드는 것이 지속적인 매출을 이어가기 위한 가장 좋은 방법이다. 최선의 방법은 전 거래선에 투입하는 것이라고 생각한다. 그 다음에 역매품과 저변제품, 신제품 등 제품특성에 맞게 거래처 투입을 원칙으로 관리할 때 "건강한 숲"처럼 책임구역 내에서 자연스러운 매출을 유지할 수 있다.

즉, 목표가 주어진 품목을 저변확대를 통해 당월목표를 달성해 나간다면 시장지배력은 당연히 높아지고 경쟁사의 경쟁품 투입을 사전에 방지하는 역할을 하는 것이다.

이렇듯 건강한 숲을 만들어가야 하는데 아무 전략 없이 임한다면 황폐한 숲처럼 칡덩굴에 얽혀 바람도 통하지 않는 숲이 되고 만다. 여기서 칡덩굴을 우리의 거래처에 비유한다면 가격관리가 무너지고 서로 역매하기를 꺼리는 제품이라 할 것이다.

결국 좋고 나쁜 품목관리는 미리 정해진 것이 아니라 거래처 간에 어떤 관계로 설정하는가에 달려있다는 점을 강조하고 싶다. 그것이 우리가 건강한 숲을 통해 배우는 지혜일 것이다.

자기의 책임구역에 어떤 포지션으로 어떤 제품 포트폴리오를 구사하는 것이 좋은가를 꾸준히 생각하면서 행동으로 옮겨 숫자를 만들어 가는 사람이 그 지역의 전문가라는 소리를 들을 것이다.

전략을 잘 설정하여 지속적인 매출성장과 더불어 행복한 직장생활을 영위하려면 어떤 방법이 필요한지는 누누이 설명했던 그대로 실천하기만 하면 된다고 본다.

심호흡 3번으로 하고자 하는 목표를 이루는 하루가 되길 바라면서.

> 관계는 미리 정해지는 것이 아니라
> 전략을 가지고 만들어 가는 것이다

## 자연에서 배우는 의미

무심히 지나면서 또는 등산이나 산책을 하면서 누런 잔디 속에 푸른 새싹이 올라오는 모습과 나무들의 탐스럽게 여문 꽃봉오리들을 문득 발견하면서 이제 봄이 오는구나하고 생각하게 된다. 날씨 변덕이 심할수록 자신이 어떻게 될까봐 종족번식의 일환으로 일찍 꽃을 피우는 사례가 많다. 그만큼 자연은 자기 스스로의 책무를 다하기 위해 부단히 노력하고 있다는 증거가 아니겠는가?

지난 겨울 혹독한 추위에도 게으름 피우지 않고 열심히 자기 역할을 잘 수행해 왔기에 적시에 자신의 정체성을 드러낸 새싹을 보면 배울 게 참 많다고 느낀다.

영업활동을 하면서도 과정관리를 못해 왕왕 나쁜 선례를 만들어내는 사람들이 더러 있다.

이는 기본(5-Action)이 안 되어 있다는 방증이다. 너무 많이 강조하기에 쉽게 생각하는 버릇이 있어 그런 일이 생기는지 모르겠지만 영업에 있어서의 희열은 자기가 생각하고 말하고 실천하는 것이 조화를 이루고 바람직한 결과를 이룰 때 느낄 수 있다.

그러기 위해서는 기본(5-Action)을 이해하고 자기 것으로 만들려는 노력이 중요하다.

그러한 노력의 가장 중요한 포인트는 영업현장에 일어나는 모든 일을 세밀하게 관찰하면서 변화의 트렌드를 읽어내는 것이다. 이는 지금까지가 아닌 지금부터 뭔가를 해보겠다는 관심의 다른 표현이다.

이러한 관심을 갖기 위해 중요한 요소로
첫 번째는 모든 일을 자기 것으로 만들려는 태도로 관점을 바꾸는 것이다.
두 번째는 모든 것을 수용하려는 열린 마음을 갖는 것이다.
세 번째는 일련의 과정을 중시하는 것이다. 과정이 올바르게 되어야 결과가 지속적이다.
네 번째는 자기 일에 대한 목적을 발견하고 매번 업그레이드시키는 것이다.

"남을 이기려는 것보다 중요한 것은 자신을 이기는 것이다."

이렇게 좋은 아침을 맞이하면서 넋두리 같은 글을 보내는 것은 다름 아니라 그 동안 현장에서 느낀 것을 표현해본 것이다. 사업부 한 사람 한 사람의 성과가 모여 항상 우리가 소망하는 지속적인 목표 100% 달성이라는 결과로 나오는 것은 결국 함께 하는 이들의 관심의 척도에 달려있다는 것이다.

나 자신에게 물어보며 느끼는 관심의 척도는 얼마일까? 자문하고 생각하며 "지금까지"의 태도에서 벗어나 "지금부터" 새롭게 행하는 하루였으면 하는 바람이다.

결국 선택은 우리의 몫이다.

> 열정적인 관심이 현장과 통하는 관점을 만들고,
> 최선을 다하는 과정이 현장과 통하는 결과를 만든다

## ▌조직은 긍정심리자본이 좌우한다

　조직의 이론에서 긍정적인 조직과 부정적인 조직을 구분하는 연구를 독일 링겔만 교수가 실험을 통해 진행했다. (집단에 소속된 사람의 수가 늘수록 개인이 내는 성과의 수준은 줄어드는 집단 심리 현상)

　1913년 독일의 심리학자 링겔만이 집단 내 개인 공헌도를 측정하기 위하여 행한 줄다리기 실험에서 얻은 결론이다. 집단 속에 참여하는 개인의 수가 늘어날수록 성과에 대한 1인당 공헌도가 떨어지는 현상을 말한다.
　즉, 사람이 1 : 1 로 줄다리기 실험을 했을 때는 한 사람이 100%의 힘을 발휘한다고 한다. 그러나 2 : 2 줄다리기 실험에서는 93%, 3 : 3일 때 87%, 8 : 8일 때는 49%이라고 한다.

　다수가 모인 집단에서 개인의 역량을 십분 발휘하기 위해서는 어떻게 하는 게 좋을까?

　긍정의 분위기 창출이 무엇보다 중요하다. 어떤 지점은 긍정 분위기UP의 일환으로 새벽형 인간으로 탈바꿈하는 사례도 있다.

07시 전후 지점에 출근하여 스트레칭으로 몸을 풀고 아침을 시작하고 그날의 계획과 영업방향을 공유하는 등 전체적인 공감대를 형성하는 데 시간을 많이 할애한다. 또한 I BEST 3운동으로 화이팅의 분위기UP을 꾸준히 실천하는 지점도 있다. 그런 조직에서는 집단의 링겔만효과를 다소 누그러뜨릴 수 있다고 본다. 그래서 나는 이러한 일련의 긍정심리가 그 조직의 자산이요 자본이라고 본다.

똑같은 일이 주어지더라도 어떤 지점은 쉽게 목표를 달성하고 분위기도 좋은데 어떤 지점은 잔뜩 다운되어 있는 경우가 있다. 긍정의 심리는 그 지점의 분위기이자 자본이다.

그래서 조직은 한두 사람의 힘으로 개혁이 되기도 한다. 한국 축구를 보더라도 감독만 바꿔었는데 어떤 변화를 보이고 있는지 이해가 될 것이다. 조직은 리더십과 팔로우십이 조화를 이룰 때 효과가 가장 극대화된다.

자기 지점은 리더십과 팔로우십이 잘되고 있는지 한번 생각해 보자. 지점장이라고 무조건 리더십을 발휘하는 게 아니라 지점 인원 전체가 리더이자 팔로어가 되는 조직은 정말 성취감이 큰 조직이라 할 수 있다. 여러분은 어떤 지점인가?

"상하동욕자승"하는 조직은 무슨 일이든지 해내는 조직일 것이다. 지금까지의 궤적을 믿는다면 엊그제 T.O.T의 응집력을 살려 만들어내자!

성과를 만드는 조직은
리더 혼자서 이끄는 조직이 아니라
다함께 움직이는 조직이다

## 조직의 긍정심리자본2 (말의 힘)

"오늘은 어제 사용한 말의 결실이고 내일은 오늘 사용한 말의 열매이다."

말의 힘은 과학적으로 증명된 사실로 우리 뇌는 말로 소리를 내어 명령을 내리면 누가 주체인지 상관없이 그 말을 인지하고 그 말의 완성을 위해 주변의 모든 것을 끌어들인다.

그래서 하고자 하는 내용을 말로 되뇌이면 무의식과 의식을 총 동원하여 이룰 수 있게 하는 게 "뇌"이다.

어려운 상황에도 "쉽다.", "할 수 있다."는 말을 자주하면 쉬운 방법과 할 수 있는 방법이 찾아지고 실제로 이루어진다. 그래서 이미 이루어진 것처럼 생각하고 말하고 서로에게 따뜻한 눈빛과 함께 긍정의 말을 주고 받으면 조직의 분위기가 살아난다.

조직의 분위기는 리더를 비롯한 소속인원의 말과 행동에 따라 변한다는 점을 말하고 싶다.

어떻게 말하는 게 좋은가?

결국 긍정적인 말이 정답이다. 긍정적인 말, 좋은 말을 생활화하는 게 무엇보다 중요하다.

우리가 사용하는 대부분의 말이 곧 조직의 긍정 심리 자본이고 이는 돈 들이지 않고 만들 수 있어 사용하는 사람에게 특혜를 준다. 그래서 긍정적인 말을 많이 사용하는 집단일수록 성취감이 높다.

서로에게 용기를 주는 말을 많이 하도록 하자.

말이 입안에 있을 때는 내가 책임질 수 있지만 입 밖으로 나온 말은 남을 살리기도 내 삶이 바뀌기도 한다. 우리 자신이 스스로 어떤 말들을 하고 있는지 생각해 보자.

무의식 중에 내뱉는 말이 조직에 긍정심리로 작용하는지? 아니면 조직을 망치고 있는 것은 아닌지? 한번 생각해 볼 문제이다.

우리가 한 말의 95%가 뇌세포를 변화시켜 우리의 삶에 영향을 미친다는 점을 명심하고 "어렵다."보다는 "쉽다.", "할 수 있다."라고 생각하고 동료들과 말을 나누자.

"생각이 곧 실적이다."

말의 힘이 중요하다는 MBC아나운서의 사례를 참조해보길 바란다.

"정말 오늘은 뭔가 잘될 것이다."라고 생각하면서….

말은 소통을 위한 언어를 넘어
조직의 분위기를 좌우하는 공기가 된다

## 목표달성의 신념

"어떠한 신념을 가졌는지에 따라 결과물이 결정된다."

우리가 매달 마무리하면서 결과를 보면 사람에 따라 결과가 다르게 나타나는 경우가 많다.

어떤 담당자는 어느 지역에 가더라도 기대를 저버리지 않고 자기 몫을 수행하는 반면 어떤 담당자는 어느 지역에 가더라도 지분 문제와 주변 여건을 가지고 핑계를 일삼는다. 어떤 모습이 바람직할까?

자기가 설정한 목표를 꾸준히 진행시켜 완성해가는 사람은 바로 "신념이 있는 사람"이다. 그 신념은 자기가 만들어가는 것도 중요하지만 주변의 분위기가 어떻게 만들어지는가에 따라 달라지기도 한다. 그래서 전통이 있는 집단이 타 집단보다 우수하다는 측면 역시 시사하는 바가 크다.

신념이라는 한자를 풀어보면 사람 인(亻)변에 말씀 언(言), 이제 금(今)과 마음 심(心)이 합쳐진 내용으로 "오늘 나의 마음이 나에게 말하는 것"이다.

결국, 주어진 목표에 집중하여 조직이나 스스로가 "할 수 있다, 해야 한다."는 각오를 매순간마다 다지는 의지라 할 수 있다.

오늘 어떠한 신념을 말할 수 있는지에 따라 오늘의 결과가 다르다. 출근할 때나 현장을 나갈 때 나 자신한테 신념을 불어 넣도록 거울을 보면서 3번은 말하고 나가자. 그러면 반드시 신념대로 이루어진다.

> 목표를 완성하는 힘은
> 할 수 있다는 신념에서 만들어진다

## ▌왜 주인의식이 중요한가?

우리가 신문을 볼 때 관심이 없으면 그냥 흘려보내는 경우가 허다하다. 그러나 자기가 관심 있는 분야면 어떤가? 하나라도 놓치지 않으려고 한다. 그게 바로 주인의식과 비슷한 케이스이다.

주인의식이란 모든 것의 최종 책임자는 바로 자기 자신이라는 의식을 갖는 것이고 이런 의식이 몸에 배인 사람이 주인의식이 투철한 사람이다. 우리 모두가 일정한 한 지역을 담당하는 사람들로 구성되어 있다.

그 지역 거래처의 모든 내용은 오롯이 담당자의 몫이다. 그 담당자가 영업활동 중에 느끼는 체험과 경험 등 축적된 산물은 누구의 것일까? 회사에서 일일 활동비를 지급하여 활동하였어도 담당자의 경험 속에 녹아 있는 산물은 누구도 뺏을 수 없는 유일한 자산이 될 것이다.

눈에 보이는 성과와 눈에 보이지 않는 무형의 자산 가운데 무형의 자산이 우리 활동 여하에 따라 자신의 것으로 축적되고 있다고 생각해보라. 주인의식을 갖고 임하는 사람과 그렇지 못한 사람의 차이는 당장은 크게 다르지 않다. 그러나 시간이 지날수록 그런 의식에 비례하여 차이가 발생한다. 따라서 기본(5-Action)에 충실한 주인의식을 바탕에 둔 영업활동이 중요한 것이다.

결국 우리는 한 지역을 담당하든지, 한 사무소를 책임지든지, 지점을 책임지든지 간에 최종책임을 가진 사람이니 늘 새로운 방법과 그 책임에 답할 내용이 무엇인지를 염두에 두고 임한다면 그것이 작더라도 자기의 역량에 차곡차곡 축적될 것이 틀림 없다.

그 축적된 역량은 복리로 늘어나면서 자신만이 갖고 있는 "지혜 있는 연륜"으로 거듭날 것이다. 그래서 주인의식이 있느냐 없느냐는 결국 자기 인생을 자기가 사느냐 남에게 맡겨 사느냐의 문제로 귀결되는 것이다.

무엇을 선택할 것인가?

우리가 회사의 업무를 진행하고 있더라도 영업활동을 하고 있는 이 순간들은 회사의 것이 아니라 바로 자기 자신의 것으로 축적되고 있다는 사실을 인지해야 한다.

그 축적된 자산이 복리로 늘어난다고 생각하면 어떻게 할 것인지 해답은 나왔다고 본다.

주인의식은 성취와 경험을 갖게 하지만,
노예의식은 위축과 피로를 갖게 한다

## ▎스스로 좋아하는 직장으로 관점을 바꾸자

"좋아하는 일을 해야 한다고 말하는 사람이 많다. 그러나 좋아하는 회사에 가서, 희망하는 부서에 배치되고 원하는 일을 하는 사람은 1만 명 중 한 명도 되지 않는다. 나머지 9,999명은 불행하고, 좋아하지도 않는 일을 억지로 해야 하기 때문에 능률이 떨어질까? 그렇지 않다. 오히려 자신이 좋아하지 않는 분야에서 출발했지만 그 분야에서 두각을 나타내는 사람이 크게 성공할 수 있다." 〈이나모리 가즈오, '왜 일하는가'에서〉

이 세상에 좋아하는 일만 하는 사람은 많지 않겠지만 그런 사람이 있다면 행복한 사람일 것이다. 그렇다고 해서 다른 사람들은 불행할까?

물론 그런 사람도 있겠지만 대다수 사람들은 현실에 만족하면서 나름대로의 방식으로 인생을 잘 꾸려가고 있다고 본다. 자기가 선택한 직업에 대해 불만을 갖는 것은 스스로를 부정하는 것이나 다름이 없다. 그래서 자신의 일을 좋아하고 좋아하는 부분을 찾는 것이 중요하다.

자신의 일을 좋아하고 열심히 찾다 보면 의외로 남다른 면을 찾을 수 있고 그 남다른 면은 자기 자신을 더 성장하게 한다. 대다수 사람들이 고통을 감수하면서까지 자신이 설정한 목표를 달성하고자 하는 것은 그 과정에서 삶의 진척이 이루어지기 때문이다.

사람 인(人)자는 둘이 기대는 형상이다. 사람 간에 기대는 모양새이고, 사람이 세상에, 때로는 세상이 사람에게 기댄다는 뜻도 된다. 어떤 일을 하든 서로가 맞물려 돌아간다.
좋아하는 일도, 좋아하지 않는 일도 결국 시간은 가게 마련인데 좋아한들 싫어한들, 그 결과는 오롯이 스스로 감내하게 되어 있다.
결국 자기가 좋아하는 면을 찾아서 일하는 게 자신을 위해 좋다고 생각한다.

서로 기대어 과정을 견디어 온 삶의 깊이를 우리는 "연륜"이라 한다. 그런 연륜은 버팀보다는 "견딤"에서 나오지만 시간이 만들어준 "연륜"이 아니라 과정을 견딤으로써 생겨나는 향기나는 "지혜의 연륜"이었으면 한다.
지혜의 연륜은 주인의식을 가지고 차곡차곡 저축하듯 누적하고 복리로 키우며 자신의 영역을 완성해가는 사람의 연륜일 것이다. 그것이 위대함의 결정체이다.

"삶은 이 순간에도 흘러가고 있다. 내가 무엇을 성취하고 무엇이 되는 것도 중요하지만, 이것 못지않게 중요한 것은 흘러가는 순간순간을 내가 할 수 있는 최선을 다해서 보내는 것이다."

〈공병호, '습관은 배신하지 않는다'에서〉

위대한 기록은 이러한 의지를 갖고 있는 사람(人)이 서로 기대어 만들어 간다는 것이다.

> 좋아하는 일은 주어지는 것이 아니라
> 좋아하는 일로 바꿔가는 것이다

## 고수의 생각법

"승리한 대국의 복기는 이기는 습관을 만들어주고, 패배한 복기는 이기는 준비를 만들어준다."  〈조훈현 국수, '고수의 생각법'에서〉

조훈현 국수의 "나는 그저 생각 속으로 들어갔을 뿐이다. 내가 답을 찾은 것이 아니라 생각이 답을 찾아낸 것이다."라는 말은 고수다운 표현이라고 본다.

책에서 조훈현 씨의 표현을 빌리자면, 사람들은 현실에 불만을 갖고 어딘가 다른 곳에 가면 더 좋을 것이라 생각하지만 자기가 깨달은 바로는 지금 여기, 바로 이 순간이 최고의 순간이라고 역설하면서 불만을 갖고 환경을 탓해봐야 아무것도 바뀌는 것은 없다고 한다. 하지만 지금 여기가 최고의 자리라 생각하고 자기의 꿈을 위해 열심히 노력하면 달라지기 시작한다는 것이다.

지금 있는 자리가 최선의 자리다.
지금 이 순간이 다시 없는 소중한 시간이다.
모든 꿈의 출발은 "지금, 여기"라고 역설하고 있다.

고수는 뭘까?
이것저것 생각하지 않고 오로지 자기 분야에서 하나의 원칙을 만드는 것이 아닐까 싶다.

말콤 글레드웰이 아웃라이어에서 말한 1만 시간의 법칙과도 상통하는 말이다.

어떤 분야에서 전문가 소리를 들으려면 1만 시간 이상은 기본적으로 투자하면서 얼마나 열심히 했느냐에 따라 좌우될 것이다. 승리한 대국의 복기는 이기는 습관을 만들어주고, 패배한 복기는 이기는 준비를 만들어준다는 말이 의미하는 것은 우리가 하는 일에 있어서도 시사하는 바가 크다고 할 수 있다.

세상의 모든 일은 꾸준한 반복이 말해준다고 표현할 수 있다.

똑같은 일을 반복하더라도 원리와 이치를 깨닫고 다가올 트렌드를 미리 예측하는 고수의 반열에 들려면 항상 3가지를 명심해야 한다고 본다.

자기 일에 있어서 항상 호기심을 갖고 임하고 자기 일을 좋아하고 매사에 감사함을 잊지 않는다면 고수의 반열에 가까워질 수 있다고 본다.

> 고수를 만드는 것은 타고난 운명이 아니라
> 최선의 노력과 열정이다

## 사람은 어떻게 대해지느냐에 따라 달라진다

〈우리는 마이크로 소사이어티로 간다〉에 소개된 내용으로 미국의 어느 두 대학 교수가 실험한 내용을 보자면, 서로 다른 대학에 다니고 서로 한 번도 본 적이 없는 남녀를 짝지어서 일정시간 동안 전화통화를 하게 한 실험이다. 남자들에게는 상대의 사진이라고 하면서 미리 조작된 사진을 보여주었는데, 절반은 빼어난 미모를 가진 여학생들의 사진이었고 절반은 그 반대의 사진을 보여주었다.

물론 이 사진들은 통화하는 여학생들의 실제 모습과는 아무런 상관이 없는 것이었다. 일정기간 후 놀라운 결과가 나타났는데, 자신의 실제 모습과 상관없이 남학생들에게 미모의 여학생이라고 인식된 학생들은 자신에 대한 평가나 자신감이 월등히 상승해 있던 반면, 그 반대의 모습으로 조작된 학생들은 실제 모습과 달리 자신감이나 자신에 대한 평가가 상당히 내려가 있는 모습을 보였다. 자신의 실제와 전혀 상관없이 자신을 어떤 특정한 모습으로 알고 있는 사람과 주기적으로 대화를 나누고, 그렇게 대해졌다는 것만으로도 스스로를 달리 생각하게 된 것이다.

우리가 초등학교 때 학예회 발표에서 역할 분장을 맡을 때도 비슷한 경험들을 했던 것으로 기억한다. 우리는 이 실험을 통해 어디서 누구를 만나 어떤 관계를 맺고, 어떤 대화를 나누는가에 따라 스스로가 자신을 대하는 인식 역시 확연하게 변화하게 된다는 사실을 알 수 있다.

우리는 사람이 어떻게 대해지느냐에 따라 달라진다는 점을 통해 친구나 동료 간, 부부 간에도 자신을 소중히 대해주는 사람, 자신에게 긍정적인 메시지를 주는 사람과의 스킨십이 매우 중요하다는 사실을 알 수 있다. 그래서 우리는 여러 사람에게 환대 받고 있는 모습을 상상하여 영업활동을 하는 게 중요하다.
약국과의 관계에서도 무작정 을의 입장과 태도를 취하기 전에 거래처에 도움을 주기 위해 방문하는 당당한 모습을 상상하며 자신을 그렇게 만들도록 해야 한다. 스스로에게 당당하고 자기 자신을 소중히 대해야 그런 사람으로 바뀌게 되고 거래처에서도 그렇게 대접하는 게 인지상정인 것이다.

삭티 거웨인의 "그렇다고 생각하면 진짜 그렇게 된다."는 마법이 있듯이 스스로를 최고라 생각하고, 또한 같이 일하고 있는 동료들에게도 엄지손가락을 높이 치켜세우며 따뜻한 눈빛을 교환하는 조직은 최고의 조직이 될 가능성이 크다.

서로에게 질책과 험담이 난무하는 대신에 칭찬과 격려가 더해지는 조직, 같이 일하는 동료들과 미소로 화답하면서 엄지를 치켜세우는 조직, 스스로에게 최고라 인정해주는 조직이라면 어떨까? 분명 무엇이든지 주어진 목표를 해내는 조직일 것이다.

우리는 지금까지 "상하동욕자승"의 기치 아래 무엇이든지 잘해왔던 사업부이다. 스스로를 최고라 인정해주자. 그러면 정말 최고의 영업사원인 광동맨이 될 것이다.

> 최고라고 믿는 순간 최고가 되고,
> 최고라고 대해주는 순간 상대방도 최고가 된다

## ▲어려움을 이겨내는 힘 그 자체가 성장이다

"안개가 자욱한 새벽이 꼭 흐린 낮을 예고하지는 않는다. 거듭되는 상처는 삶이 우리에게 주는 가장 좋은 선물이다. 상처는 곧 우리가 한 걸음 나아갔다는 표시이기 때문이다." 〈로맹 롤랑 프랑스 사상가〉

일본의 유명 기업가인 마쓰시다 고노스케가 바로 그 산증인이다. 어린 시절 아버지를 일찍 여의고 산업전선에 뛰어든 그가 첫 번째로 구한 직업은 화로가게의 점원이었다. 이 일은 매일 찬물로 화로를 닦는 것이었다. 그는 손이 갈라지고 터지는 경우가 다반사였지만 이를 악물고 이겨냈다. 그리고 화로가게가 폐업을 하자 자전거가게 사환으로 입사해서 매일 아침 5시에 출근해 온갖 잡일을 하면서도 그 힘든 어려움이 자신을 성장시키고 있다는 믿음을 버리지 않았다. 창업 후 전쟁이 터져 물가가 폭등하는 바람에 심각한 판매부진에 시달려야 했다. 하지만 그는 시대를 탓하고 원망하는 대신 자기 자신에게 말했다.

"겁낼 것 없어. 이런 시련 때문에 내가 점점 더 성공에 가까워질 수 있는 거니까."

그렇다면 마쓰시다 고노스케의 성공비결은 뭘까? 고난은 그를 더욱 단련시키고 굳은 의지를 점점 더 발전시키며 성공의 토대가 되었음을 의미한다. 태어날 때부터 모든 것을 가진 사람은 없고, 모든 것을 가질 수 있는 사람도 없다는 것이다. 자신의 잠재력을 끌어내 성공할 수 있느냐는 것은 고난을 받아들이고 이를 이겨낼 준비가 되어 있느냐에 달려있다는 것이다.

A와 B의 두 영업사원이 있다고 하자.

A는 부정적인 마인드의 소유자로 매사에 불만이 많고 핑계가 많은 편인 사람이다.

B는 긍정적인 마인드의 소유자로 매사에 적극적이고 주변의 사람들에게 행복바이러스를 퍼뜨리는 사람이다.

A는 늘 자신이 약국에서 영업활동하는 것 자체를 임시방편이라 여기고 거래처를 대하니 시간이 갈수록 거래처와의 관계가 소원해지고 힘들어진 반면에

B는 자기가 하는 일이나 어려움이 자신을 성장시키고 있다고 생각하고 늘 즐거운 마음으로 거래처를 대하니 진정성이 더해져 나날이 관계가 좋아지고 실적이 올라가니 승진도 빠르게 될 것이다.

똑같은 상황에서도 어떻게 생각하느냐에 따라 시간이 갈수록 차이가 벌어진다. 왜 그럴까?

똑같은 어려움도 어떻게 받아들이느냐에 따라 달라진다. 즉,

어려움을 어떻게 수용하고 행동하느냐에 따라 다른 것이다.

　현장을 이겨내려는 힘 자체가 자신에게는 성장의 첫 단계이다. 첫 계단을 잘 올라야 거듭 성장하는 것이다. 조그마한 어려움도 회피하기 시작하면 결국 아무 것도 해낼 수 없는 것이다.

　이번 달도 "할 수 있다."는 생각으로 어려움을 자신의 성장도구로 삼는다면 능히 발전을 거듭하는 사람일 것이다. 여러분은 어떤 사람인가? 자문해보면서 어려움을 이겨내는 사람이 되도록 하자.

어려움을 피하지 않고 이겨낼 때마다 사람은 성장한다

## ▌회장님의 추도일을 맞이하여...

벌써 회장님이 우리 곁을 떠나신 지 2년이나 흘렀다. 시간의 흐름을 10년 전으로 되돌려보면 우리 OTC사업부의 암울했던 시절에 대한 기억이 떠오른다.

2003년 도매부장에서 소매사업부장으로 자리를 옮길 당시 그동안의 문제점인 목표의식 결여와 과정관리 부실로 인한 저조한 지표, 마이너스 손익 등 여러 현안이 회사의 변방으로 밀려나 있었다. 하지만 회장님의 관심사는 온통 OTC뿐이어서 마감 회의 시 꾸지람과 호통 등을 오롯이 혼자 감내해야 했다. 그런 혹독한 시절을 이겨내고 기본에 충실했기에 오늘날의 OTC가 있었다고 생각한다.

회장님의 "경사 5도의 성장 지표"는 곧 기본에 대한 충실과 꾸준에 대한 강조였다. 그래서 2004년 사업부의 체질을 개선하고자 방만했던 조직을 유통별로 통합하고 인원을 효율적으로 조정하면서 일관되게 추진한 방향의 큰 줄기는 3가지였다.

첫째는 사람이 일을 한다는 것이다.
불평불만으로 가득 차거나 회사의 정책을 무시하는 영업행태를 지양하고 긍정적인 직원으로 탈바꿈하고자 목표지향적인 시도를 지속적으로 진행하면서 거듭 발전시켜 왔다고 본다. 그동안 보이지 않게 시도했던 갖가지 수많은 이벤트 등이 주마등처럼 지나가지만 그 이벤트 속에 피어나는 성취감이 오늘의 우리를 있게 했다고 본다. 지금 사업부의 90% 이상이 목표지향적이고 긍정적인 사람으로 변화하여 전사적으로 선도적인 역할을 하고 있어 선배로서 대단히 기쁘게 생각하고 고맙게 여긴다.

둘째는 현장에 답이 있다는 것이다.
현장의 어려움과 현장을 이해하지 못한 정책이나 본부 지침은 아무 소용이 없다고 본다. 그래서 현장의 시간을 빼앗지 않으려고 08시에 회의를 주재하여 09시를 초과하지 않는다는 원칙과 18시가 넘으면 지점을 간섭하지 않으려는 원칙을 지키기 위해 부단히 애를 썼던 기억이 새롭게 느껴진다. 정말 에피소드도 많았다. 그리고 아침 08시에 지점회의를 하기 위해서는 항상 새벽 기차나 버스를 이용하여 솔선수범한 것이 지금은 사업부의 기본으로 자리잡아 후배들도 이 전통을 이어가고 있어 뿌듯함을 느낀다.
현장에서 가장 강력한 주체는 바로 그 지역의 담당자이다. 그만큼 현장에서의 움직임이 사업부의 모든 것을 좌우하고 한 사람 한 사람의 성취감이 모여 우리의 기록을 만들어 가는 것이다.

셋째는 과정관리가 제대로 되어야 지속적이라는 점이다.
일순간의 요행을 바라는 정책이나 이벤트는 그 순간은 모면할지 모르지만 시간이 지나고 나면 더더욱 나빠지는 것을 많이 봐왔다. 그만큼 과정이 중요하다. 그래서 결과만 보고 승진이나 승급이 아닌 지나온 과정을 보고 평가(본부평가)하는 기준을 만들어 지금도 이어오고 있다. 이는 공정함과 동시에 모두에게 희망을 주는 성취감의 잣대라고 생각한다.

결국 이는 선대회장님의 가르침을 부단히 따르려는 "경사 5도의 성장지표"의 내용이다. 기본에 충실한 변화, 그리고 꾸준함이야말로 우리가 지속적으로 지켜내야 할 사업부의 핵심역량이라고 본다. 우직하고 묵묵히, 열심히, 꾸준히 하는 사람에게는 성취감만이 있을 거라고 장담한다.

이는 OTC에 국한하지 않고 DTC 등 타 사업부에도 매한가지라고 생각한다. 선대회장님을 생각하면서 마감을 멋지게 해보자.

사람은 떠나도 뜻은 남는다

## 목표를 설정할 때 마술은 시작된다

"목표의 목적은 주의를 집중하는 것이다. 인간의 의식은 분명한 목적을 갖기 전에는 목표 달성을 향해 움직이지 않는다. 목표를 설정할 때 마술은 시작되는 것이다. 목표를 설정하는 바로 그 순간, 스위치가 켜지고 물이 흐르기 시작하고 성취하려는 힘이 현실화되는 것이다."〈원 데이비스〉

매월 주어지는 목표도 자신이 달성하려는 간절한 마음이 있다면 거기에 맞게 신체가 반응하면서 달성하게 되는 것이다. 그래서 분명한 목표를 갖는 것이 중요하고 그 다음은 어떠한 시도라도 진행해야 하는 것이다.

목표를 기한 내에 달성하는 사람이나 지점과 기한 내에 달성하지 못한 사람이나 지점의 차이는 그다지 크지 않다. 기한 내 달성하는 사람이나 지점은 실패하는 사람이나 지점보다 매일 조금씩이라도 차이를 줄여나가는 노력을 경주한 것이다. 그 사소한 차이가 모여 결과를 이룬다는 이치를 알면서도 하루하루 그냥 지나치는 사람과 부족하지만 조금이라도 근접하기 위해 조금씩 노력한 사람의 차이가 나중에 극복하지 못할 데이터를 만든다는 점을 명심해야 한다.

OTC의 경우 2009년 10월 문경워크숍에서 창립 50주년을 기념하여 63개월 연속 목표 100%를 이어가겠다고 할 때 모두가 불가능하다고 여겼을 것이지만 지금 어떻게 되었는가?

　지금 63개월을 지나서 95개월째 도전하고 창립 55주년에 맞춰 123개월이라는 거창한 목표에 도전하고 있다. 이렇듯 모두가 받아들인다면 이미 마술은 시작되었다고 본다. 물론 목표를 세웠다고 무조건 되는 것이 아니겠지만 구성원 모두가 언제까지 어떻게 하겠다는 공감대만 형성했다면 어떠한 목표라도 가능하다는 것이다.

　어려운 여건에서도 OTC, DTC가 월초에 계획하였던 결과를 검증할 날이 바로 코앞에 다가왔다. 어떻게 되었는가? 목표 달성이 가능한 사람이나 지점은 그렇지 못한 사람이나 지점보다 뭔가 차별되는 점이 있을 것이다.

　"남과 똑같이 해서는 남 이상 될 수 없다." 구성원들과 공감대를 형성하고 과정이 남다를 때 남다른 결과를 나타내는 것이 자연스럽다고 생각한다.

> 불가능하게 보이는 목표를 달성가능한 목표로 바꾸는 힘은 간절한 마음이다

## 자기 최면을 거는 방법은?

"인간은 자기 말에 세뇌되는 동물이다. 긍정적, 전향적, 희망에 찬 말을 하면 뇌도 그런 방향으로 움직인다. 자꾸 반복하면 무의식 깊이 그 말이 각인되며 뇌의 자동 유도 장치에 따라 그 방향으로 가게 된다."

〈이시형·이희수, '인생내공'에서〉

철의 여인으로 불리는 영국 대처 수상은 "생각을 조심하라. 말이 된다. 말을 조심하라. 행동이 된다. 행동을 조심하라. 습관이 된다."는 말을 통해 자기가 생각하는 말과 언행이 결국 습관으로 작용하여 자기에게 좋은 일 혹은 나쁜 일로 다가온다고 역설하고 있다. 학자들은 언령(言靈)이 있다고 믿는다 한다. 우리가 생각하고 말하고 행동하는 모든 것을 모조리 알고 있는 것은 우리 자신이다. 그래서 우리 자신이 무심코 내뱉는 말이라든지 행동 하나하나가 우리 인생에 커다란 영향을 주고 있는 것이다.

지금 남부지방의 여러 곳이 폭설과 한파로 영업활동하기가 어려울 지경인데 대처하는 방법에 따라 다르다. 눈이 쌓였다는 핑계를 대기 이전에 방문코스를 변경하거나 전화로 이상 유무를 확인하고 약국과 교감을 갖는 영업사원이 있는가 하면, DTC의 경우 지선 방문을 지양하고 양호한 도로 위주로 활동계획을 세워 방문하는가 하면 체인을 구입하여 방문하는 열의를 보이고 있는 점에서 대단하고 열정적인 조직임에 틀림없다고 본다. 모두에게 박수를 보낸다.

이는 매출 달성 유무를 떠나서 영업지향적인 태도가 바람직하다는 것이다. 위의 이야기처럼 사람은 스스로 생각하는 대로 말을 하게 되고 말을 하면 행동하게 되어 있다. 좀 더 꾸준히 하면 습관화되는 것이다. 무엇이든지 습관화되어 간다면 변화가 나타나게 되어 있다.

무슨 일이든지 하고자 하는 이의 열정을 당해낼 사람은 없다고 본다. 스스로에게 "할 수 있다.", "해야 한다."는 강한 자기 긍정의 소유자는 "멋진 상상휴"를 즐길 여유가 있는 것이다. 결국 자기 스스로에게 최면을 걸어야 한다. "할 수 있다."고 되뇌면서 언제까지 "해야 한다."는 강한 긍정심이 그 사람에게 한 차원 높은 성취감을 맛보게 해준다.

긍정적인 자기 최면으로 실적이라는 반석 위에 우뚝 서자!

> 할 수 있다는 생각이 할 수 있다는 말로 바뀌고,
> 할 수 있다는 말이 실제로 해내는 행동으로 바뀐다

## 이왕이면 즐기듯 일을 하자

지난주에 경옥고의 글자를 도안하고자 평소에 아는 지인을 만나 업무 몰입도에 대해 이야기한 적이 있다. 그는 돌에 그림과 글씨를 새기는 작업을 하는 직업을 갖고 평생을 살아왔는데 지겹지도 않은지 다시 태어나서도 이 일을 그대로 하겠다는 얘기를 하는 것으로 봐선 분명 자기 일을 좋아하고 사랑하는 것이라 믿는다.

자기가 하고 있는 일에 100% 만족하고 살아가는 사람이 얼마나 될까? 그리 많지는 않을 것이다. 어떤 일을 하면 행복할까? 이는 우리들이 평생 동안 공통으로 가진 고민거리일 것이다. 그래도 막연히 자기 스스로 좋아하는 일이라 생각하고 임하는 편이 좀 더 낫지 않을까 싶다.

미국 월스트리트저널의 구직 전문 "커리어 캐스트 닷컴" 조사 결과 만족도 높은 직업 10개 중에서 미국 내 최고의 직업은 놀랍게도 "수학자"라고 한다. 우리가 가장 싫어하는 수학을 연구하는 직업이 어떻게 최고의 직업이라 할 수 있을까? 아마 스스로 즐기는 일을 할 수 있기 때문일 것이다. 풀이 과정에 심취하여 매달리다 보면 의외로 높은 몰입이 가능한 일일 것이다.

이렇듯 직업을 먹고 살기 위한 돈벌이의 수단으로만 생각하면 항상 어려움이 있고 별 감흥 없이 시간 때우기도 힘들 것이다. 그러나 일의 과정에 의미를 부여하고 재미를 찾는 노력을 경주하다 보면 의외로 몰입도가 증가하고 시간 가는 줄 모르고 일에 집중하는 경우가 많다. 이 때가 가장 행복한 순간이다. 그리스 철학자 아리스토텔레스는 무엇이 "행복"이냐는 물음에 "지금해야 하는 일을 아주 잘하는 상태"라고 했던 것을 기억한다면 이러한 과정이 무엇보다 중요함을 알 수 있을 것이라 생각한다.

"화 내도 하루, 웃어도 하루"라는 말은 무엇을 의미할까? 어차피 주어진 시간에 이왕이면 좋은 관점으로 자기를 바꾸는 것이 좋다는 의미일 것이다. 지겹다고 생각하면 하루하루가 힘들고 만나는 고객이 원수처럼 느껴지겠지만, 행복의 도구로 생각하고 과정에 몰입하면 "행복의 원천"으로 거듭난다는 것을 우리는 이미 경험한 바 있기에 이번 주를 어떻게 보내야 할 것인지를 잘 알 수 있으리라 생각된다.

매월 잘 마무리하기 위해 각 지점은 계획한 결과 도출에 많은 노력을 기울일 것이라 본다. 이왕 하는 일이 스트레스가 아닌 스트렝스로 자리 잡기 위해서는 그 과정에 의미를 부여한다면 즐기듯 일을 해낼 수 있으리라 생각한다. 그것은 다른 사람이 아닌 본인들의 문제이니 스스로 긍정적인 마인드로 무장해 이 일이 성장과 살아가는 지혜를 줄 것이라는 확신을 갖자.

그래서 "진도 계획에 이끌리기보다는 이끌어간다는 마인드로 매사에 임하면 몰입도는 증가하고 그만큼 자신의 일을 좋아하게 될 것이다."

일을 즐기는 자가 인생을 즐길 수 있다

## 목표의식이 곧 주인의식이다

지난 번 메일에 삶의 두 기둥으로 성실과 목표의식을 이야기한 바 있다. 영업하는 입장에서 보면 목표의식이 바로 주인의식의 요체라는 것이다. 목표의식이 있는 사람은 바로 주인의식으로 가득 찬 사람임에 틀림없다.

빅터 프랭클은 아우슈비츠 수용소에서 3년간 수용생활을 체험한 이후 〈죽음의 수용소〉라는 책을 저술하였는데 그는 로고테라피(Logotherapy)라는 심리학 이론을 정립했다. 그 요지는 "인간의 생존에 가장 큰 위협은 열악한 환경이 아니라 삶의 목적상실이나. 목표에 대한 확신은 그 자체로 힘과 생명이다."라는 것이다. 결국 목적의식이 없다는 것은 사는 게 아니고 영업활동을 해도 제대로 하는 게 아니라는 이야기이다.

실례로 제1차 세계대전 당시 헝가리의 1개 수색분대는 알프스 산에서 조난을 당했다. 본대에서는 수색을 진행했으나 워낙 지형이 험하고 폭설과 한파로 더 이상 수색을 진행키 어려워 중단했다. 그런데 4일 뒤 조난 당한 수색분대가 기적적으로 사상자 없이 무사 귀환했다. 어떤 일이 벌어진 것일까? 살아 돌아온 대원들의 이야기를 들어보면 "우리도 처음에는 모두 절망적이었다. 구조를 기다릴지, 길을 찾아 나서야 할지 동료들과 상당한 의견충돌이 있었지만 다행히 대원 중의 한 사람이 지도를 찾아서 무사히 복귀했다."는 것이다. 그런데 정작 그 지도를 살펴 본 지휘관들은 깜짝 놀랐다고 한다. 그 지도는 알프스 산이 아니라 피레네 산맥 지도였다.

여기서 알 수 있는 것은 무엇인가? "지도가 있으니 우리는 살아서 돌아갈 수 있다."는 희망이 있고 목적이 있었기에 가능했던 일일 것이다. 극한 상황에서도 목적과 목표의식이 있으면 희망을 품고 어려움을 능히 이겨낼 수 있다는 것을 보여주는 사례이다.

영업에 있어서도 마찬가지이다. 무조건 출장 가는 것이 아니라 주어진 정책을 잘 이해하고 사전에 계획을 충분히 세워서 나간다면 주어진 목표는 능히 달성할 수 있겠지만, 지금의 경제상황을 어렵다고 인식해 스스로 포기한다면 목표달성은커녕 살아남지도 못한다고 본다.

개인의 능력 차는 아무리 커도 5배를 넘지 못하지만 의식의 차이는 100배 이상의 격차를 낳는다는 일본전산 나가모리 사장의 말은 목적의식, 목표의식이 얼마나 중요한 것인가를 강조하고 있다고 본다.

그 목표의식이 곧 주인의식의 발로임을 스스로 깨닫고 영업활동에 임해야 목표달성은 물론 자기 인생의 주인이 된다고 생각한다. 그러니 열심히 제대로 일하는 것은 회사의 발전에도 도움이 되지만 자기 인생의 예금통장에도 그만큼 잔고가 늘어난다는 것을 잊지 말도록 하자.

주인의식은 회사의 발전이나 자기 인생의 주인이 됨을 만방에 알리는 것이나 매한가지다.

> 목표의식은 주인의식의 핵심요체이다

| A | Attitude (태도) |
| C | C-Cycle (완성) Challenge, Change, Choice, Chance (도전, 변화, 선택, 기회) |
| T | Try (실행) |
| I | Innovation (혁신) |
| O | Open mind (열린 마음) |
| N | Never ever give up (절대 포기하지 마라) |

# ACTION C-CYCLE

**Challenge, Change, Choice, Chance**

영업 철학 : C-Cycle 완성

도전, 변화, 선택, 기회

# 영업 철학 (ACTION) : C-Cycle

## ❷ C : C-Cycle (완성)

"C-Cycle이란 변화(Change)와 도전(Challenge)을 선택(Choice)하면 기회(Chance)가 오게 마련이다."

"5% 성장은 불가능해도 30% 성장은 가능하다. 5% 성장을 목표로 삼으면 과거 방식대로 움직이기 때문에 4% 성장도 달성하기 힘들다. 그러나 30% 성장을 목표로 삼으면 혁신적인 아이디어를 찾게 되고 접근방식도 달라지기 때문에 기대 이상의 성과를 거두곤 한다." 〈마쓰시타 고노스케〉

현실에 안주하는 영업사원은 더 이상 성장하지 못하고 주저앉는다. 변화를 두려워하는 사람은 더 이상 발전하기도 어렵지만 현상유지도 힘든 것이다. 사람은 누구나 일상이 그대로 유지되기를 희망하지만 대부분 성공하는 영업사원은 그 반대로 스스로에게 동기를 부여하고 기꺼이 변화를 받아들이는 도전하는 사람이다.

흔히들 태어나서(Birth) 죽을(Death) 때까지 B와 D사이 C가 있다고 한다. 이것은 4C(Change, Challenge, Choice, Chance)의 호순환 Cycle이다. 자기 의지로 태어나지도 않았고 또한 죽을 때에도 자기 의지로 죽는다는 것은 어렵다. 결국 자기가 선택할 수 있는 것은 오직 삶이다. 호순환의 C-Cycle을 자기의 것으로 만들어야 자기가 주체인 것이다. 특히 영업하는 사람은 도전하고 변화하는 사람이다.

도전하고자 하는 변화를 받아들이고 집중한다면 기회는 많다는 것이다. 영업에 있어서도 변화하겠다는 마음을 먹었으면 좀 더 거창한 계획을 준비하며 "할 수 있다.", "해 보겠다."고 달려들면 몸은 그쪽으로 반응한다고 한다. 그래서 적당한 목표는 달성하기 어려워도 위대한 목표는 달성할 수 있음을 여러 사례에서 볼 수 있으며, 약국을 담당하는 우리도 지금까지의 영업결과가 이와 같지 않은가 반문해 보면 알 수 있을 것이다.

한계는 우리가 생각하는 순간 만들어진다고 한다. 목표를 부여받은 순간 이미 달성한 것처럼 생각하고 image-up한다면 이미 달성된 것이나 마찬가지이다.

그러니 영업사원은 주어진 목표는 꼭 달성하겠다는 도전적인 마인드를 품어야 스스로 달성가능한 방법을 찾게 되고 "할 수 있다."는 마음이 생겨 행동으로 옮겨지게 되는 것이다.

"모두가 세상을 변화시키려고 생각하지만, 정작 스스로 변하겠다고 생각하는 사람은 없다."　〈톨스토이〉

　자기가 변하지 않고 도전하지 않고 선택하지도 않았는데 기회가 있을 리는 만무하다. 그런 면에서 영업사원은 C-Cycle을 얼마나 자기 것으로 만드는 것인가로 성패가 나눠진다.

> **point**
> 극복하는 순간 한계는
> 하나의 조건이 될 뿐이다

## 기업이 미래에 생존하기 위한 Keyword는?

현재의 기업들은 늘 위기상황에 놓여 있어 어떤 면에서는 시계 제로라고 표현한다. 그만큼 앞을 내다볼 수 없는 상황이다. 그럼 이러한 상황에서 어떻게 해야 할까? 박병진 한양대 경영학과 교수는 "불확실성에 과감한 혁신과 도전을 못 하는 것이 위기"라며 "과감해야 혁신할 수 있고 혁신해야 과감해질 수 있다."고 이야기 한다. 즉 요즘의 기업이 생존하기 위한 Keyword는 혁신(42%), 개방이나 유연성(30%), 도전정신(20%) 등이 주목받고 있다.

이러한 키워드는 지금이 아니더라도 기업의 여러 성공사례를 읽어 보면 혁신 없는 기업, 도전정신이 없는 기업, 유연성이 없는 기업은 결국 경쟁에서 밀리고 시장에서 도태된다. 이것이 기업의 흥망성쇠이다. 과거에서 지금까지 살아나온 기업이 일관되게 추진하는 키워드가 혁신, 도전, 유연성인 것이다.

혁신이나 도전, 유연성은 기업의 오너나 본부만의 전유물이 아니다. 영업현장에서 하는 기존업무를 좀 더 나은 방향으로 바꾸려는 혁신을, 목표를 달성하거나 새로운 시장에 뛰어들어 갈 수 있는 도전정신을, 그리고 지금까지의 영역에만 국한하지 않고 여러 상황에 적절히 대응하는 유연성을 가지고 임하는 습관을 가지는 게 중요하다.

기업뿐만 아니라 개인도 미래에 살아남기 위해서는 이 키워드의 범주를 벗어나지 못한다고 본다. 자기 스스로 변하고자 하는 혁신 없이 이루어진 것은 하나도 없다. 그리고 도전하지 않으면 그 이상 올라가지 않기에 자연도태의 운명만 남는다. 세상은 혼자의 생각과 방식으로만 살 수 없기에 교류하면서 더 좋은 것을 취하려는 유연성이 필요한 것이다.

2016년 만만치 않아 보인다. 중국 증권시장에서 제조업의 경기침체로 서킷브레이커가 두 번이나 발동하면서 중국 증시가 6.85%나 하락했고 우리나라를 비롯한 아시아 증시가 새해 벽두부터 요동쳤다. 그리고 이란과 사우디가 종교문제로 패권을 다투느라 정세가 불안한 모습을 보이고 있다. 우리나라 또한 빠른 고령화, 저출산, 양극화, 가계부채, 부동산으로 자산 편중 심화 등 여러 여건들이 별로 좋아 보이지 않는다.

그래도 이 세상의 중심은 사람이다. 사람이기에 처음에는 받아들이기 힘들 정도의 공포감이 생기더라도 냉정을 되찾고 극한에서도 희망을 만들어 갈 수 있었던 것이다. 결국 어떤 상황에서도 사람들이 지혜를 발휘해 지금에 이른 것이다. 그러나 막연히 누군가가 나설 거라는 안이한 생각을 버리고 자기가 맡은 분야에서 스스로 어떻게 하느냐가 중요하다. 미래의 기업이나 개인이 생존하기 위해서는 어떻게 해야 할까? 여러분은 어떻게 할 것인가?

이미 목표를 달성한 것처럼 생각하는 "자기 최면과 긍정적인 마음"과 함께 자기 분야에서 기본(5-Action)을 바탕으로 혁신, 유연성, 도전을 체화하고 동료와의 따뜻한 교감이 이루어진다면 어떤 어려운 일이 닥치더라도 헤쳐 나갈 수 있다고 말한 바 있다.

한 방울의 물방울이 모여 연못을 이룬다는 "적수성연"의 사자성어를 넓혀보면 어떠한 어려움도 우리 영업현장의 작은 행동들이 모이고 모이면 큰 변화를 이룰 수 있다고 본다. 그러면 어떠한 어려움도 능히 이겨낼 수 있는 힘이 생긴다. "우리는 할 수 있다!"

기업이 죽고 사는 것은 정해진 결과가 아니라 조직원의 합이 만들어내는 결과다

## 사소한 변화가 혁명을 만든다

"사회의 역동성을 살펴보면, 아주 사소한 것에서부터 변화가 촉발되어 점차 거대한 산사태와 같은 변화가 이루어진다."  〈슬라보예 지젝〉

이 시대의 인문학 석학이 굳이 얘기하지 않더라도 사소한 일에서 출발해 점차 크게 발전하는 일들이 주변에 의외로 많다. 우리의 영업현장에서도 보면 작은 계기로 쉽게 일이 성사되기도 하지만 조그마한 실수가 일을 그르치는 경우도 많이 있다. 결국 스스로 방향성을 잡고 변화의 눈초리를 치켜세울 때 주류가 되든지 비주류가 되든지가 결정된다는 점에서 우리 스스로에게 던지는 시사점이 많다.

오직 변화의 주역은 자기 자신이다. 스스로가 변하면 모든 게 변한다. 구성원의 자질이 그 조직의 성패를 좌우한다는 측면에서 아주 사소한 부분이라도 변하도록 노력해야 할 것이다. 그러면 한 사람부터 시작하는 조그마한 행동이 전체의 물결로 멋진 시너지를 낼 것이다. 그 한 사람이 바로 자기 자신이라 생각하고 실천해 보자.

"시작은 작지만 끝은 창대하리라."

작은 것을 잘 실천했다고 해서 나중에 무조건 잘된다는 뜻이 아니라 미진할지라도 끝까지 초심을 잃지 않고 꾸준히 노력한다면 모두 원하는 성과를 얻는다는 얘기로, 기본에 충실해야 한다는 점을 강조하는 것이다.

벌써 2월 중순이다. 연초에 세운 일들을 잘 진행하고 있는지 자기 주변을 한번 둘러보자. 거래율, 투입률, 제품회전율, 회수율, 투입건수, 판매가동등과 같은 여러 지표들이 좋은 방향으로 가고 있는지 지금부터 점검하고 제대로 진행해야 연말에 평가받는 KPI 등급을 제대로 받을 수 있다. 지금 제대로 하지 않고 A등급을 기대할 수는 없다. 지금부터가 중요하다. 사업부 구성원 각자가 조금이라도 개선하려는 의지가 있어야 가능한 일일 것이다.

일의 시작과 끝이 현상에서 열심히 땀 흘리는 여러분임을 명심하자! 위대한 기록은 그러한 의지를 갖는 구성원 하나하나가 만들어 가고 있다는 점을 우리는 인식해야 하고 같이 해야 가능하다.

*지극히 사소한 변화가 성공과 실패를 가르는 시작이 된다*

## 무엇을 선택할 것인가?

인생이란 무엇인가?
인생은 B에서 시작해서 D로 끝난다고 한다.
B는 Birth(태어남)고,
D는 Death(죽음)다.
즉 인생이란, 태어났다가 죽는 것이다.
그 이상도 그 이하도 아닌 것이다.
그럼 B와 D 사이에는 무엇이 있는가?
C가 있다.
C는 무엇인가?
Choice(선택)다.

즉 인생은 주어지는 것이 아니고 선택하는 대로 되는 것이다. 미소를 지으면서 "행복하다, 행복하다."고 외치면서 행복을 선택하면 인생은 행복해지는 것이고, 인상을 쓰면서 불행을 선택하면 불행해지는 것이다.

一笑一少, 一怒一老

"성공의 85%는 인간관계"라고 한다.

자기 주변의 사람들과 진지하게 교감하는 일이야말로 성공의 첫걸음이자 행복의 시작이다. 매 순간 선택하는 시기마다 주변 사람들과 행복한 교감을 나누자.

주변은 나의 거울이다. 내가 찡그리면 어떨까? 찡그림으로 대답한다. 그렇지만 환하게 웃으면 주변이 미소로 답하고 좋은 인간관계를 형성할 수 있다.

서울대 최인철 교수의 "행복하고 싶으면 행복한 사람 곁으로 가라."는 말대로 좋은 사람들 곁에는 좋은 사람들이 모이게 되어 있다. 무엇을 선택하느냐에 따라 인생이 달라지는 것이다. 무엇을 선택할 것인가?

내가 환하게 웃으며 상대를 대하고 주어진 목표를 잘 달성하면 어떨까? 모두가 긍정의 조직원으로 활력이 넘쳐난다. 활력이 넘치는 OTC, DTC사업부의 마무리를 기대한다.

*인생은 주어지는 것이 아니고 선택하는 대로 되는 것이다*

## 마침표와 쉼표

이제 한 달을 마무리하고 새로운 달을 맞이해야 할 시점이다.

겨울에서 봄으로 오는 시기에는 변화라는 의미를 가장 잘 새길 수 있어 좋고, 역동성이라는 측면에서 항상 자연의 위대함을 배울 수 있어 좋다.

새로운 시작을 하면서 느끼는 것은 대다수 사람들이 현실에 익숙해지면 변화하거나 진보하는 데 소홀해지고 그냥 관성대로 살아가려 한다.

그러나 사람의 생명은 유한하고 자연은 무한하다는 것을 느낄 때 또 다른 반성이 시작된다. 의미 있는 삶을 살기 위해서는 자신을 채찍질하고 평생 배움과 진보를 포기하지 않는 사람만이 스스로에게 성취감을 안길 수 있다고 본다.

어떤 성취감을 선물할 것인가?

오늘 같이 일하는 사람, 오늘 방문하는 거래처, 오늘 준비한 제품에 최선을 다해야 자신의 존재 의미를 확인할 수 있다. 그런 의미에서 지금까지 노력하고 땀 흘린 대가의 마침표이자 새로운 달에 대한 도전의 쉼표가 마감이 아닐까 생각된다.

세상에 불가능한 것은 없으며 스스로 원하고 바꾸려는 노력을 기울이는 한 매사를 향상시킬 수 있다는 건, 우리 스스로 5-Action을 통해서 체험하고 느끼고 이룩한 성과가 있다는 점을 통해 확인할 수 있다.

"현실에 안주해서는 안된다."

분명히 영업현장은 우리 의지대로 바뀐다. 힘들어도 웃으면서 "할 수 있다."라고 외치며 앞으로 나가자. 할 수 있다는 것은 지금까지의 우리의 궤적을 보면 안다. 담대한 생각으로 시작하자. 마침표가 있고 쉼표가 있는 우리의 일이 얼마나 좋은가?

안주하지 마라, 마무리는 또다른 시작을 부르는 출발점이다

## 지속적인 변화만이 살 길이다

"현재의 번영은 과거 변화의 결과입니다. 우리는 또 변화해야 합니다. 그 누구도 우리의 미래를 보장하지 않기 때문입니다. 미래를 위한 변화는 지금부터 시작되어야 합니다."

〈지속적인 변화를 거듭하는 코닝의 사례에서〉

변화해야 살아남는다는 것은 모두가 느끼는 사실이다. 예전에 없어서는 안 될 것들이 지금은 사라지고 없는 경우가 허다하다. 그래서 "강한 놈이 살아남는 것이 아니라 살아남는 놈이 강하다."라는 말이 변화의 필요성을 역설하고 있는지도 모른다.

우리의 영업현장은 늘 변하고 있다. 지난해까지도 잘 팔리던 제품이 시들해지는 경우를 종종 목격하곤 한다. 잘하던 사람이 변화를 모르고 과거에 했던 내용대로 답습해오다 뒤로 처지는 경우가 왕왕 있다. 지속적 변화만이 생존의 방법이다.

인간은 본능적으로 변화를 싫어한다고 한다. 따라서, 변화에 대해 우선적으로 저항하는 것이 인간의 특질이다. 하지만, 변화하지 않는다는 의미는 머물러 있겠다는 의미이고, 이는 요즘과 같이 급격하게 변화하는 시대에 도태된다는 것을 의미한다.

　우리는 항상 일을 하고 있다. 그냥 관성에 따르는 것이 아니라 조금이라도 변화하려는 태도와 실천이 우리가 지향해야 할 방향이다.

　우리가 영업현장에서 실천하는 5-Action의 모든 부분을 변화라는 항목과 더불어 자신을 만들어 간다면, 그것도 I BEST운동으로 실천해나간다면 전문가라는 소리를 들을 게 확실하다.

　5-Action의 두 번째 차별화된 영업활동이 얼마나 경쟁력이 있는지는 현장이 더 잘 안다. 그래서 변화를 위한 3가지 지침은 먼저 "목표기준을 높여라."이다. 만만한 목표보다 좀 더 크게 잡고 임해야 우리 몸이 반응하여 결과를 만들어낸다고 한다. 기준이 낮으면 현실에 안주할 수 있고 그러나 보면 도태될 가능성이 농후하다.

　두 번째는 그 목표를 "나는 할 수 있다."라는 믿음을 가지고 임해야 한다. 자신이 기준을 높여 놓고 믿음을 저버리면 누가 하는가? 결국 자신이 선택한 목표이기에 자신감을 갖고 임하면 솟아날 힘이 생긴다.

　세 번째는 지금까지의 "전략(목표+방법)"에 변화를 모색해야 한다. 기준과 믿음을 가지고 최상의 전략을 준비하여 어떻게 실행할 것인가가 중요하다.

지속적인 변화에 대한 의지는 중요하다. 오늘보다 더 나은 내일을 꿈꾼다면 지속적 변화의 과정이 우리의 영업현장 속에 스며들도록 해야 한다. 한꺼번에 하면 좋겠지만 현실은 그렇지 않다. 그래서 꾸준히 열심히 그리고 묵묵히 주어진 길을 "변화"라는 친구와 함께 하는 게 가장 중요하다고 본다.

어제의 답습은 실패를 부르고, 오늘의 변화는 성공을 부른다

## 함께하는 지혜

영국의 과학자이며 우생학의 창시자인 골턴이 여행 중 한 시골의 가축 품평회 행사를 방문했을 때의 일이다. 그 행사는 다름 아닌 소의 무게를 알아맞히는 대회였다고 한다.

사람들이 표를 사서 자기가 생각하는 소의 무게를 적어 투표함에 넣어 나중에 소의 무게를 달아 사람들이 써낸 소의 무게 중에서 가장 근접한 사람에게 소를 상품으로 주는 행사이다. 골턴은 사람들의 어리석음을 확인하는 재미로 쭉 지켜보았는데 의외의 내용에 놀랐다고 한다. 물론 정확하게 맞춘 사람은 없었지만 놀라운 것은 800개의 표 중 숫자를 판독하기 어려운 13장을 제외한 787개의 표에 적힌 무게의 평균을 내어 보았더니 1,197파운드였다고 한다. 실제로 측정한 소의 무게는 1,198파운드였다. 800명의 군중을 한 사람으로 보면 완벽한 판단력인 셈이다.

"함께하는 지혜"는 진정성을 만들어내고 설득력이 있다고 본다.

우리도 영업현장에서 한두 사람의 사례들이 모여 셀링포인트로 자리 잡는 경우를 왕왕 볼 수 있다. 그런 셀링포인트가 현장에서 잘 받아들여지고 영업사원들에게 도움이 되는 경우가 많다.

그래서 "현장이 답이다."라는 말을 한다.

현장의 사소한 현상이라도 무시하지 않고 새로운 각도에서 접근하려는 구성원의 참여가 있다면 시장지배력은 올라갈 수밖에 없을 것이다. 그래서 방관적인 영업활동이 아니라 주도적인 영업활동을 해야 하는 것이다.

"한 조직의 분위기는 그 조직이 살아온 과정의 결론이다."라고 정의할 수 있다. 주어진 영업일수에 그날그날 일일 목표 채우기에 급급했어도 전체의 합은 조직문화로 나타나는 것이다.

함께히는 노력이 현장을 바탕으로 이루어진다면 "함께하는 시혜"로써 성공사례가 될 수 있는 것이다. 그런 성공사례를 바탕으로 우리가 지금까지의 과정을 올바르게 진행해 왔기에 충분히 "함께하는 지혜"로 거듭날 것으로 기대된다.

그러니 좀 더 힘을 내자. 모두가 서로의 눈빛을 이해하고 함께하는 지혜를 펴고자 노력하고 있지 않은가! 여러 역경에도 굴하지 않고 꿋꿋하게 성장해온 우리 영업현장의 지혜를 잘 살려 또 다른 기록을 만들어낼 것이라 기대한다.

> 모두가 함께하는 현장에서 만들어진 답은 틀리지 않는다

## 일상이 모여 인생을 이룬다

내일부터 열심히 하겠다고 얘기하는 경우가 흔하다. 그건 실패할 확률이 높을 것이다. 영업활동에 있어서도 그날그날 제대로 하지 못하면 월말로 밀려 상당히 힘들게 마감하는 경우가 허다하다. 인생도 마찬가지라고들 한다. (하루들의 총합=인생)

리더십의 대가인 존 맥스웰은 "일상을 바꾸기 전에는 삶을 변화시킬 수 없다. 성공의 비밀은 자기 일상에 있다."고 말한다. 습관의 총합이자 결과가 바로 일상인 것이다. 다른 말로 하면 우리가 매일 하는 행동들이 습관이 되고 결국 우리의 일상을 결정한다는 것이다. 그래서 영업활동에 있어서 5-Action을 강조하는 것이다.

당장은 표가 나지 않더라도 꾸준히 하는 사람과 하지 않는 사람의 차이는 시간이 말해준다. 결국 성공하는 사람은 실패하는 사람들이 어쩌다 생각날 때 한 것을 꾸준히 진행한 사람일뿐이다.

거대한 건축물도 벽돌 한 장부터 시작했고 유유히 흐르는 한강도 한강의 발원지인 검룡소 주변의 나무 이슬에서부터 시작되었을 것이다.

우리는 작은 성공의 습관이 기적을 만든다는 것을 간과하고 살아가고 있다. 하나의 행동이 습관으로 자리 잡는 데는 21일이 필요하다고 한다.

21일 동안 눈 딱 감고 일단 실행해보는 것이 필요하다. 21일 법칙은 무엇이든 21일 동안 계속하면 습관이 된다는 것이다. 21일은 뇌에서 생각이 대뇌피질에서 뇌간까지 내려가는 데 걸리는 최소한의 시간이다. 21일 동안 지속하면 의식하지 않아도 습관적으로 그 일을 할 수 있게 된다고 한다.

이 법칙은 미국 캘리포니아대 언어학과 존 그라인더 교수와 심리학자인 리처드 밴들러의 "NLP 이론"에 근거한 법칙이니 5-Action이 자기 몸에 배일 수 있도록 21일 이상은 실천해보는 게 중요하다.

지금은 실천을 해도 금방 좋은 결과가 나타나지 않겠지만 지속하다 보면 거래처나 자기 동료, 상사가 알게 되는 날이 오고 그 여력으로 또 다른 책임을 감내할 시기가 오는 것이다.

그것이 일명 영업현장의 내공이요, 직장생활의 내공인 것이다. 내공이 있는 사람은 쉽게 흔들리지 않는다.

> 우리가 매일 하는 행동의 습관이
> 우리의 일상을 결정한다

## 인생에 없는 3가지

인생에는 3가지가 없다고 한다.

하나는 "세상에는 공짜는 없다."는 것이다. 아무 노력 없이 이루어지는 것은 없다. 스스로 다른 사람과 차별되는 노력을 하지 않는데도 남보다 특별한 뭔가를 바라는 것은 어불성설이라고 생각한다. 남보다 잘되길 바란다면 남보다 조금이라도 차이가 나는 것을 매일 매일 진행해야 가능한 것인데 노력 없이 잘되길 바라는 건 도둑놈 심보가 아니겠는가? 잘되고자 한다면 매일 남보다 잘 될 수 있는 씨앗을 뿌리는 게 좋다.

다음은 "세상에는 비밀이 없다."는 것이다.
사람은 관계와 관계 속에서 살아간다. 점 같은 개인 간의 만남이 코드가 있는 선을 만들고 선이 모여 면이 되는 것이다. 점이 모여 선이 되고 선이 모여 면을 이루는 게 사람의 관계다.
한 사람과 나눈 비밀이 타인에게는 씻을 수 없는 충격이 되고 말에 발이 달려 퍼지게 되어 있다.

마지막으로 "인생은 정답이 없다."고 한다. 정답이 있다면 세상은 무미건조할 것이다. 명문 학교 출신이나 1등이 무조건 사회에서 성공하고 순위가 매겨진다면 삶이 어떠하겠는가? 결국 정답이 없기에 노력도 하고 일에 열정을 가지고 도전하려는 사람이 많은 것이다. 그래서 삶이 재미있는 것이 아니겠는가? 스포츠의 재방송이 재미없는 이유는 무엇일까? 결과를 알기에 박진감이 떨어져 우리에게 감동을 주지 못하는 것이다. 인생도 정답이 없기에 나름의 노력을 하고 있는 것이라 생각한다.

인생에 없는 3가지를 있는 것으로 만들 수 있는 게 바로 습관이다. 그래서 아리스토텔레스는 "인간은 반복적으로 행하는 것에 따라 판명되는 존재. 따라서 탁월함은 단일 행동이 아니라 바로 습관에서 온다."라고 했다.

"탁월함은 훈련과 습관이 만들어낸 작품이다.
탁월한 사람이라서 올바르게 행동하는 것이 아니라,
올바르게 행동하기 때문에 탁월한 사람이 되는 것이다.
자신의 모습은 습관이 만든다."

〈아리스토텔레스〉

주어진 목표 달성도 습관이 좌우한다. 주변의 동료를 보라! 목표달성을 기본으로 하는 동료는 습관처럼 목표달성을 만들어낸다.

    그래서 인생에 없는 3가지를 있는 3가지로 만들기 위해 사소한 노력을 꾸준히 실천하며 습관으로 누적시키고 있는지를 자문하는 습관을 가져봄이 좋을 듯하다.

탁월함은 매일매일의 습관을 통해 만들어진다

## 사람의 한계는 어디까지일까?

"사람들의 한계는 짐작도 할 수 없다. 세상의 그 어떤 척도로도 인간의 잠재력은 측정할 수 없다. 꿈을 좇는 사람은 한계로 여겨지는 지점을 넘어 훨씬 멀리까지 나아간다. 우리의 잠재력에는 한계가 없고 대개는 고스란히 묻혀있다. 한계는 우리가 생각하는 순간 만들어진다."

〈로버트 크리겔 & 루이스 패틀러〉

사람 능력의 한계란 어디까지일까? 아마 사람의 한계는 없는 것인지도 모른다. 일생 동안 잠재능력의 10%를 채 쓰지 못하는 사람이 대부분이라고 한다. 그렇다면 10% 이상만 써도 남들보다 월등하다는 이야기가 되는 거다. 결국 한계란 스스로 포기하는 순간 나타나는 경우가 허다하다.

사업부가 100%를 달성하기 위해서는 소속원의 90% 이상이 제 몫을 해줘야 가능한 일이다.

그런데 OTC사업부가 94개월(8년에 가까운 세월) 동안 목표달성을 하고 있는 것은 소속원의 모두가 OTC 123~이라는 꿈을 마음에 새기고 열심히 영업활동을 한 과정의 결과이다.

매달 목표달성에 급급한 나머지 원칙과 정책에서 벗어나는 영업활동을 하면 그렇게 오래 지속될 수 있었을까? 그리고 사업부의 긍정적인 분위기가 자리하지 않았다면 어떨까? 이어가기 힘든 내용일 것이다. 그만큼 조직이 뒷받침되어야 하는 것이다. 그 속에 숨은 뜻은 3가지가 있다.

OCT 123 Step by step의 정도영업, OTC 123 일은 사람이 하기에 즐겁게 해야 한다. 즐거운 리듬에 맞춰 일하는 직장 분위기, OTC 123 창립 55주년까지의 목표달성이다.
한계는 스스로 포기할 때 생기는 것이지만 꿈을 꾸는 한 성장하고 발전할 수 있는 것이다. 좀 더 멀리 내다보고 지금의 어려움을 감내하고 이겨낸다면 이 새벽의 여명처럼 곧 눈부신 태양을 마주할 수 있을 것이다.

OTC라고 처음부터 잘해왔던 건 아니다. 원칙과 꾸준함, 한두 사람의 노력도 중요하지만 함께 모두가 Level-up 하고자 몸부림친 결과물이다.

DTC도 지금의 어려운 상황에 대해 불평과 불만이 내재되어 있다면 희망이 없다. 현실을 인정하고 변화를 모색하려는 태도가 발전의 원동력이다. 그런 태도가 유지된다면 성취감과 함께 나날이 성장을 하면서 사업부에게나 개인에게도 멋진 삶을 선사하게 될 것이다.

스스로 한계를 짓지 말고 "할 수 있다."는 무한한 가능성에 방점을 찍는다면 어느 누구도 예측 못할 멋진 결과를 만들어낼 것이다. 인간의 잠재력은 스스로 가꾸기에 달려있다는 믿음으로 가꾸어 가자.

> 자신의 한계를 규정하는 것은 잠재력이 아니라 포기하고 싶은 마음이다

## 일상의 관성에서 탈피해야 하는 이유

관성의 법칙은 물리학에서만 존재하는 것이 아니다. 관성이란 움직이는 물체는 계속 움직이려고 하고 정지해있는 물체는 계속 그대로 정지해 있으려는 속성을 말한다. 이 관성의 법칙이 우리의 영업현장에서도, 그리고 일상의 삶에서도 그대로 적용되고 있다.

옛 어른들의 말에 따르면 "사람은 앉으면 눕고 싶고 누우면 자고 싶다고 한다." 그만큼 몸은 편한 것을 추구한다는 뜻일 것이다.

사람들은 눈에 익은 것, 익숙한 것, 기존의 것을 지키려 한다. 경쟁에서 이기려면, 아니 변화를 이루려면 새로운 것을 추구하거나 남이 하지 않는 것을 시도하거나 남이 편한 섯을 추구할 때 기꺼이 고생을 감수해야 한다. 대부분의 경우 그동안 했던 대로 잘 해왔다고 스스로 만족하는 면이 있기에 그대로 답습하는 일상에서 벗어나지 못하는 것이다. 일상의 관성에서 벗어나려면 일단 시작해보는 것이 중요하다.

사람들은 여러 가지 이유를 들어 자꾸 미루거나 시작을 머뭇거리는 경우가 많다. 언젠가는 무엇인가 하겠다고 매일 결심을 하지만 정작 그 언젠가는 영원히 오지 않는다.

시작은 변화를 위한 가장 훌륭한 밑거름이다. 변화를 위한 시작, 즉 행동력은 관성으로부터 탈피하는 중요한 요소 중의 하나다.

기존의 영업방법도 중요하지만 새로운 시도에 대해 항상 고민해보고 실행에 옮겨보려는 노력, 아니 일단 시작해본다면 변화를 위한 시도가 또 다른 관성을 만들어 선순환의 삶이 진행되는 출발점이 되는 것이다.

마감일자가 선뜻선뜻 다가오고 있는 시점에 지금까지의 관성보다는 다른 시도를 통해 어려운 달을 뛰어넘어야 한다. 출근이나 출장시간을 30분, 1시간을 앞당기고 거래처에 도착 시 씩씩하고 상냥한 목소리로 인사를 하면서 "즐겁게 일하고 있구나."하는 인상으로 변화를 주자.

하나의 행동이 변할 때 우리 몸은 성취감을 느끼면서 스스로 자신감을 만끽하게 해준다. 관성대로 사는 것보다 좀 더 나은 시도를 통해 또 다른 관성을 만들어 간다면, 이 또한 관성의 법칙에서 더 나아가 관성의 시너지로 가는 길이 아닌가 생각해 본다.

즐겁고 행복한 일터는 우리가 하기 나름이다. 하루 한 가지라도 기존의 방법을 바꿔보면 일상은 어떻게 달라질까?

변화와 발전을 막는 가장 강한 힘은 일상의 관성이다

Cycle *109*

## 왜 변화와 혁신이 필요하는가?

내가 회사에 입사할 즈음 잘나가던 기업들이 요즈음 별로 좋지 못하거나, 아예 없어지는 제약회사도 많이 있고 기타 산업에서도 별반 차이가 나질 않는다. 영속적으로 성장하는 기업보다 소멸하는 기업들이 더 많기 때문이다.

포춘지의 100대 기업 중에 영속하는 기업은 10%라고 한다. 그만큼 한 세대 이상 영속하는 기업이 별로 없을 정도로 30년 정도가 고비라고들 한다.

왜 그럴까?

기업 평균수명의 감소는 "변화의 속도"에 기인한다고 전문가들은 이야기한다. 그만큼 변화의 속도가 빨라지고 있는데 기업이 쫓아가지 못하고 있기 때문일 것이다.

SONY의 경우, 가전제품의 절대 강자로 군림하면서 과거 변화를 선도하던 기업이었다. TV와 워크맨, 오디오 등 모두가 선망하는 제품을 만들던 기업이었다. 한국사람이 일본을 방문하며 꼭 들르는 전자제품 천국인 아키하바라는 소니, 히타치, 파나소닉 등 유명제품이 즐비하여 한두 개쯤 사오면 비행기 요금이 생기던 시절도 있었다. 1994년 일본을 방문했다. 그때 삼성제품은 가장 밑

바닥에서 천대받고 있었고 그때의 모습과 비교해보면 상전벽해라 할 수 있다.

그 시절 소니는 "소니가 만들면 표준이 된다."는 기술 자만에 빠져 화를 자초, 90년대 후반기에 서서히 몰락의 길로 들어선 반면 "마누라 말고는 다 바꾸라."는 절체절명의 절박감 속에서 오늘의 삼성이 만들어졌다. 결국 "변화의 속도"를 따라가지 못하면 도태되는 것은 자명한 일이다.

기업뿐만 아니라 1986년 사업부에 입사하여 줄곧 OTC업무를 맡고 있는 나로서는 그동안의 일들을 회상해보면 감회가 매우 남다르다. 과정보다는 결과위주의 평가가 팽배하고, 전체보다는 소수의 이익이 우선시되어 유통단가가 무너지고, 공정한 관리가 되질 못하다 보니 제품, 조직, 거래처가 가장 흔들렸던 시기(95년~99년)가 있었다. 그 이후에 변화의 물결을 제대로 타지 못한 많은 동료들이 중도에 하차한 것은 비단 기업뿐 아니라 조직이나 개인도 경영환경의 변화를 받아들이고 자신만의 방식으로 변화를 이끌어내지 못한다면 누구나 같은 길을 갔을 것이다.

약국의 경영환경도 크게 변화하고 있다. 조그만 평수에 수많은 제품이 Gold-Zone을 확보하기 위해 치열한 각축전을 벌이고 있고 각 제품마다 판매대가 넘치고 있다. 과연 그 많은 판촉물의 포스터, 판매대 등이 제품마다 필요할까? 과거에 사은품만 준다면 사입을 허용했던 약국들이 지금도 그럴까? 상당한 의구심이 든다.

"현장이 답이다."

수박 겉핥기 식의 방문으로 과연 답을 찾을 수 있을까 심히 걱정이 앞선다. 이제 약국경영의 패러다임이 변하고 있는 시기에 우리는 더욱더 프로다운 근성(의식 있는 5-Action)을 통해 관행적으로 행하던 내용을 프로 세일즈맨의 시각에서 변화와 혁신을 이끄는 리더가 되어야 한다. 왜냐하면 이제는 일정한 시기에 변화와 혁신이 필요한 것이 아니라 일상의 문제로 다가왔기 때문이다.

기업이나 개인도 변화와 혁신은 일상의 문제이자 당면한 현실적 과제인 것이다. 변화(Change)의 속도를 쫓기보다 서핑(Surfing)하는 취미로 살리면 기업, 조직, 개인 모두 영속적으로 성장하지 않을까 한다.

> 변화를 만들어내는 기업은 살아남지만
> 변화의 속도에 쫓기는 기업은 사라진다

## 혁신이란 멀리 있지 않다

지난 메일에서 기업의 생존을 위한 키워드로 혁신, 유연성, 도전을 이야기했다. 그 중에서도 여러 기업의 42%가 혁신이라는 내용에 집중하고 있다는 점을 지적한 바 있다. 혁신의 사례를 하나 살펴보면, 6.25전쟁 중 대구로 피난 간 한 소년 가장의 이야기가 있다. 그는 가족을 먹여 살리기 위해 신문을 팔러 다녔다고 한다. 그 시절은 손쉽게 할 수 있는 게 구두닦이나 신문팔이, 가게 점원 등이었는데 학생의 신분으로는 신문팔이가 가장 쉬운 일이었을 것이다. 그러나 그 당시 신문을 팔러 다니는 소년들이 한두 명도 아니고 일정구역이 나누어져 있는 것이 아니었기에 남보다 일찍 일어나야 조금이라도 먼저 팔 수 있었다. 하지만 조금만 시간이 늦어도 신문을 팔러 다니는 소년들이 많아지기에 기대했던 것보다 많이 팔지 못했다고 한다. 그는 지금까지와는 다른 방법을 시도했다고 한다. 경쟁자들이 나타나기 전에 신문을 먼저 팔기 위해서는 손님들에게 먼저 신문을 전달해야 하는데 판매하고 수금하고 거스름돈을 주고 다른 손님을 찾아가기에는 시간이 많이 소요돼 기존의 방식과 다른 방법으로 신문을 팔았다고 한다.

그 방법은 먼저 신문을 돌리고 돌아오면서 수금을 하는 것이었다. 이 방법을 통해 경쟁자들에게 여유를 주지 않음으로써 훨씬 많은 양의 신문을 팔 수 있었다. 물론 신문만 가지고 가고 돈을 못 받는 경우도 있었지만 판매 부수가 많아 손해를 보더라도 이익이 더 많았다고 한다. 이 소년이 대우그룹의 김우중 회장이다.

여기서 얻을 수 있는 교훈은 뭔가? 동일한 조건에서도 남다른 아이디어가 있으면 다른 결과를 만들어낼 수 있다는 것이다. 단순하게 부지런하기만 해서는 남보다 크게 앞서기 어렵기 때문에 항상 아이디어가 필요하다. 일하는 방식만 바꾸었을 뿐, 다른 물적자원은 전혀 투입되지 않았는데도 결과는 훨씬 좋게 나오는 이런 게 혁신이 아닐까 생각해본다. "남과 같이해서는 남 이상 될 수 없다.", "어떻게 하면 남과 다를 수 있는지?" 항상 생각하고 메모하고 바로 실행으로 옮기는 사람만이 남보다 앞설 수 있는 것이다.

지금까지 우리 인류의 삶을 변화시킨 원동력이 이와 같은 혁신적인 아이디어의 결과라고 생각한다. 우리 영업현장에서도 이와 같은 사례가 얼마든지 많을 것이다. 이는 무심코 지나가지 않고 관심을 가진 데 기인하는 것이라고 본다. 그래서 기본에 충실함과 차별화하고자 하는 의지 속에서 영업사원 한 사람 한 사람의 변화가 모여 사업부의 큰 변화를 이끄는 것이다.

"가장 창조적인 전략은 좋은 아이디어를 내려는 노력의 산물"
이고 이게 바로 현장에서 살아 있는 혁신인 것이다.

혁신적인 아이디어는 새롭게 발명되는 것이 아니라
관심에 의해 발견되는 것이다

## 위기의 신호를 기회로 만들어야 한다

위기는 그냥 오는 게 아니라 사전에 신호를 보낸다고 한다. 그 신호를 알아차리면 기회가 되고 못 알아차리면 위기에 봉착하게 된다. 이를 설명하는 이론이 하인리히법칙이다. 하나의 대형사고가 발생하기 전에 그와 관련한 경미한 여러 사고와 징후들이 존재한다고 한다. 일명 1:29:300법칙이라고들 한다. 1931년 허버트 윌리엄 하인리히(Herbert William Heinrich)가 펴낸 〈산업재해 예방 : 과학적 접근〉이라는 책에 소개된 법칙이다. 업무 성격상 수많은 사고 통계를 접했던 하인리히는 산업재해 사례 분석을 통해 하나의 통계적 법칙을 발견하였다. 그것은 바로 산업재해가 발생하여 중상자가 1명 나오면 그 전에 같은 원인으로 발생한 경상자가 29명, 같은 원인으로 부상을 당할 뻔한 잠재적 부상자가 300명 있었다는 사실이었다. 즉, 큰 재해와 작은 재해 그리고 사소한 사고의 발생 비율이 1:29:300이라는 것이다. 큰 사고는 우연히 또는 어느 순간 갑작스럽게 발생하는 것이 아니라 그 이전에 반드시 경미한 사고들이 반복되는 과정 속에서 발생한다는 것을 실증적으로 밝힌 것으로, 큰 사고가 일어나기 전 일정 기간 동안 여러 번의 경고성 징후와 전조들이 있다는 사실을 입증하였다. 다시 말하면 큰 재해는 항상 사소한 것들을 방치할 때 발생한다는 것이다.

　위기의 징후가 보였던 사례로는 2008년 중국 쓰촨성에서 리히터 규모 8.0의 대지진이 발생하여 7만여 명의 사상자가 발생한 사건을 들 수 있다. 그 이전에 생각지도 못한 많은 징후들을 포착하였으나 예측하여 대피하지 못해 많은 사상자를 낸 사건이다. 모두가 기억하겠지만 지진이 발생하기 전에 인근 저수지의 물이 온데간데없이 사라진 사건을 기억할 것이다. 또한 엄청난 두꺼비떼들이 고속도로를 횡단하면서 대규모 이동을 한 사건도 있었다. 동물들이 그들만의 감각으로 사전에 미리 알고 위험으로부터 대피했던 것이다.

　이러한 신호를 감지하고 미리 대비하는 사람은 위기와 함께 오는 기회를 잡을 수 있으나 이를 무시하거나 알아채지 못하는 이는 위기와 함께 사장되어 버린다. 우리의 주변에는 여러 경제지표들이 하루가 다르게 흔들리는 모습으로 나타나고 있다. 이를 잘 활용하면 우리가 거래처에서 영업활동을 할 때 진가를 발휘할 수 있는 것이다. 남들이 안 된다는 이야기를 많이 할 때는 그만큼 경제가 어렵다는 방증이지만 경쟁사들보다 한 박자 빠르게 접근하여 움직일 필요가 있다. 우리의 강점인 감성영업으로 거래처에 한 발짝 더 다가갈 때 서로의 관계가 더욱 밀착되는 것이다.

지금 대기업에서도 비용절감을 위해 우리가 상상하지 못할 방법으로 허리띠를 조이고 있다는 사실을 인지해야 한다. 이럴 때 우리 회사에서는 설 명절 판촉물까지 만들어 공급하고 있는 점을 적극 활용해 매출로 연결시키지 않으면 안 된다고 본다. 어려우면 큰 유통부터 어렵고 제일 마지막이 소매상이다. 우리가 거래하는 조그마한 약국은 어려울 때일수록 더 빛나는 거래처가 될 것이다. 가뭄이 들었을 때 마르지 않는 곳이 작은 샘물인 것처럼 우리가 영업활동하고 있는 약국이 그런 곳이라는 점을 명심하고 한 거래처 한 거래처가 가동되도록 저변 관리에 힘써야 할 것이다.

우리 주변에서 일어나는 작은 징조들을 예민하게 점검하여 상황을 내 편으로 만들어가야 한다.

"강한 자가 살아남는 게 아니라 살아남는 자가 강한 자이다."

이 말이 가슴에 와 닿을 날이 머지않아 보인다. 그러니 "할 수 있다."라는 굳은 의지로 임하자. 스스로 하겠다는 마음만 먹고 임하면 생각대로 된다. 이해만 하지 말고 배워서 실행하는 사람이 앞서는 사람이다.

"생각대로 살지 않으면 사는 대로 생각하게 된다." 선택은 우리 자신임을 잊지 말자.

위기의 신호는 누군가에게는 기회가 되고,
누군가에게는 그대로 위기가 된다

## ▌과정을 점검해보는 습관을 기르자

우리가 영업활동 중에 해야 할 일은 많지만 그중에서도 고객의 관리만큼 중요한 것은 없다. 우리의 1차 고객은 거래처 약사님들이다. 더 나아가 소비자도 염두에 두고 영업활동을 해야 한다. 최종적으로 소비자가 우리의 제품에 대해 구매를 해주어야 재고가 소진되고 지속적으로 매출 성장이 이어질 수 있는 것이다. 그런 면에서 소비자를 고려한 영업활동이 여러 구성요소 중의 하나라고 본다.

"기업경영의 핵심적 기능은 혁신과 마케팅이다."라고 피터 드러커는 말한다. 결국 상품개발과 고객확보가 핵심이라는 뜻이다.

그러므로 어떤 제품이 발매되었지만 성과가 미진하다면 과정을 분석해봐야 한다. 이를 깔때기분석(Funnel analysis)이라고도 말한다. 주요 단계별로 얼마나 재고가 남는지 또는 고객이 이탈하는지를 측정하고 분석하는 방법이고, 고객화의 흐름이 막히는 부분을 파악하는 기능이다. 우리의 어떤 제품에 대해 구매고객이 감소하고 매출이익이 악화되면 어떤가? 가격인상을 통해 매출 감소분을 만회하고자 하지만 뜻대로 되지 않고 지속적으로 매출감소와 퇴출위기에 몰리는 경우가 많다. 이때 고객이 늘지 않는 이유를 찾아야 한다. 문제는 마케팅이 아닌 경우가 많다.

고객이 만들어지는 과정을 단계별로 본다면 "인지 ➜ 관심 ➜ 구매 ➜ 사용 ➜ 충성고객화 재구매"로 이어진다. 그럼 여기에서 각 단계별로 몇 %가 다음으로 넘어가는지 알아볼 필요가 있다. 가령 설문조사, 고객데이터분석, 온라인을 통한 구매자반응, 딜러를 통한 제품반응 등 여러 조사 자료를 바탕으로 단계별 과정을 조사해 볼 필요가 있다. 보통 재고로 쌓이는 것은 충성고객화가 이루어지지 않은 경우로 재구매가 안 되기 때문일 것이다. 그렇다면 문제는 마케팅이 아닌 제품일 경우가 많다. 이때는 현장에 있는 영업사원과 마케팅PM 등이 여러 각도에서 부진원인을 조사하여 신속히 대처하지 않으면 영원히 소비자로부터 멀어질 수 있다. 따라서 Timing이 아주 중요하다.

제품은 문제없지만 광고홍보의 문제인지? 셀링포인트의 문제인지? 제품의 문제인지? 신속히 파악하여 대처하지 않으면 한번 떠난 고객이 다시 돌아오기까지의 시간과 경비는 상당히 많이 드는 경우가 많다. 정말 제품이 문제가 된다면 새로운 제품을 신속히 기획하여 발매를 해야 한다.

결국 현장에서 영업하는 사람의 시각이 가장 중요하다. 회사 첨병으로서의 역할은 지대하다. 제품이 팔리지 않을 때와 고객의 재구매율이 현저히 떨어질 때 영업적인 더듬이가 필요하다. 현장 감각이 있는 영업사원과 기획력이 풍부한 마케팅적 사고의 PM이 합심하여 고객화되는 과정을 점검해봐야 한다. 깔때기분석을 통해 원인을 찾아야 한다. 그 속에 해답이 있다.

"과정이 제대로라면 모든 게 제대로다."
과정이 제대로인 OTC, DTC 사업부가 화이팅하면서 설레는 "상상휴"를 기대해 본다.

과정이 제대로라면 모든 게 제대로다

## 벤치마킹의 힘

　모차르트, 파블로 피카소, 스티브 잡스의 공통점은 뭘까? 우선 천재라고 생각한다. 그리고 그들의 공통점은 다름 아닌 남의 것을 가져다 쓰는 데 망설임이 없었다는 점이다. 모차르트는 다른 사람의 음악을 많이 모방하여 걱정이 많았다고 한다. 그리고 피카소는 초기에 마티스의 그림에 큰 영향을 받아 마티스의 그림에 아프리카 인형을 더하는 화풍을 남겼고, 스티브 잡스는 최초로 만든 것은 하나도 없이 조합하여 아이폰을 출시하였다. 이 세 사람은 남의 것을 가져다 쓴 벤치마킹의 천재들이었다.

　"요소는 새롭지 않으나 조합은 새롭다."

"벤치마킹은 매일, 매주, 매월, 매년하는 것이며, 나쁜 입장에서도 벤치마킹해야 한다."　　　　　　　　　　　　　　　　　　〈이건희〉

　"모방은 곧 창조"라고 한다. 결국 잘하는 사람이나 기업을 쫓아간다는 것은 뭔가 해보겠다는 결의에 찬 의지의 표현일 것이다. 그 의지의 표현이 결실을 맺으려면 타인의 방식에다가 자신의 독자적인 생각을 녹여 만든 기술을 더해 새로움을 창조해 내야 할 것이다. 다만 벤치마킹 전략 역시 이를 받아들이고 발전시키려는 기업문화의 토양 위에서 성과의 싹을 틔우는 것이지 무조건 벤치마킹한다고 해서 다 잘되는 것은 아닐 것이다.

　그렇지만 좋은 사례나 좋은 제품은 일단 따라 해보는 것이 안 하는 것보다는 나을 것이므로 관심을 갖고 대상을 찾으려는 노력을 지속적으로 해야 한다. 벤치마킹도 가만히 앉아 있는다고 해서 주어지지는 않을 것이다. 이 또한 실력이다. "하늘은 스스로 돕는 자를 돕는다."라는 말이 있듯이 현장에는 무한한 벤치마킹 대상이 깔려 있다. 단지 그것을 찾지 못하는 것이 문제다. 무엇을 발견하고 무엇을 선택하는 데 좌우된다고 볼 수 있다.

좋은 것을 따라하는 것이 때로는 가장 좋은 전략이 된다

## 변화의 속도를 리드하려면?

"변해야 산다."는 말을 많이 한다. 왜일까? 사람이 변화하지 않으면 정체되고 도태되기에 변화를 갈망하고 시대 역시 이를 요구하는 것이다.

그러나 변화는 어렵다는 것이 현실이다. 그렇지만 시도는 해봐야 그 시도만큼 성장하는 것이 아니겠는가?

세상은 빠르게 변하는데 정작 변화를 해야 할 당사자는 변하고 있지 않은 경우가 많다. 그만큼 어렵다는 이야기일 것이다. 그러나 중요한 것이 있다. 세상이 다 변해도 주인공이 변하지 않으면 무슨 소용이 있겠는가? 내 인생의 주인공은 누구인가? 각자의 지점에서, 사무소에서 주인공은 누구일까? 주인공이 변하지 않으면 전체가 아무리 바뀌어도 아무 소용이 없다. 주변이 변하지 않더라도 주인공만 바뀌면 전체가 바뀐다.

그래서 변화하는 시대에 가만히 있으면 바로 퇴보라고 말한다. 〈석시현문〉에 이러한 이야기가 나온다. "장강의 뒷물결은 앞물결을 재촉하고, 세상의 새사람은 옛사람을 쫓는다."라는 말이 있듯이 머물러있다면 어떻게 되는가? 바로 퇴보하고 있다는 증거이다. 가만히 있으면 중간은 가는 것이 아니라 바로 변화의 물결에서 멀어지고 만다. 변화의 물결에 편승해서 갈 정도가 중간이다. 변화를 이끌려면 변화의 흐름보다 속도에서 앞서야 변화를 리드한다고 볼 수 있는 것이다. 그럼 어떻게 해야 급격한 변화에 발맞추거나 이끌 수 있는 것일까? 공자는 공부를 통해 "죽었다 깨어날 정도로 나를 변화시켜야 한다."고 했다. 그래야 세상의 변화에 함께하는 것이라고 그 시절에도 말했는데 요즈음 시대에는 더더욱 어떠하겠는가?

지난 금요일 지점장전략회의에서 변화라는 주제로 많은 이야기를 했다. 지금까지 해 왔던 일의 과정을 돌아보라. 돌아보면 좋은 내용은 더 발전시켜 성공요인으로 자리 잡고 부진한 내용은 과감하게 바꾸는 열정이 거듭되면 이를 "자기 성찰"이라고 한다. 자기 성찰을 제대로 하는 개인이라면 개인의 성장이 뒤따르고, 조직이라면 조직이 혁신적으로 비약하게 되어 있다. 그래서 유명한 동기부여의 대가인 존 맥스웰은 "자기 성찰을 하지 않으면 경험에서 얻을 수 있는 교훈을 놓치게 된다."고 말한다. 돌아보지 못하면 조직이나 개인이 제대로 방향을 잡고 가고 있는지 분간을 못하기 때문이다.

그래서 자기 성찰을 통해 변화를 지속하는 사람은 조화로운 사람으로 거듭나게 되어 있다. 옛 고전에서는 이런 사람을 "격물치지"가 능하고 사리에 밝으며 모든 일에 통달의 경지에 이르렀다고 일컬었다. 결국 모든 일은 서로 맞물려 있어 개인은 성장하고 조직은 비약적으로 발전하게 되어 있는 것이다. 그러면 문제를 발견하고 더 나은 업무 프로세스를 찾을 수 있고, 남들이 보지 못한 새로운 사업 영역을 발견하고 개척할 수 있게 되는 것이다.

지금 약국가는 그 동안의 변화보다 더 무서운 속도로 변화할 것이다. 이에 우리가 선점할 플랫폼이나 제품, 업무프로세스를 준비하지 않으면 퇴보할 수밖에 없다. 지금처럼 영원히 잘나가면 좋겠지만 세상이 그리 호락호락하지 않다. 잘나가는 사람이나 조직에게는 자만이라는 놈이 붙어 나락의 길로 인도한다는 것을 역사의 사례를 통해 유추해 보면 알 수 있다. 그래서 더 정신을 가다듬고 변화의 주역으로 변화의 속도보다 빠르게, 변화의 양보다 더 많이 노력해야 하는 것이다. 그러자면 마음가짐부터 배수진을 쳐야 한다. 변화의 속도보다 빠르게 나아가지 못한다면 공멸한다는 자세로 스스로에게 위기의식을 불러일으켜 나아가야 한다는 점을 명심하자.

변화는 멀리 있지 않다. 기본을 제대로 지키고 지금까지의 관례일지라도 더 좋은 방법이 있는지 한 번 더 생각하고 메모하고 행동으로 옮기는 노력을 사람이 되자. 한 사람이 아닌 우리 모두가 이를 제대로 해 나간다면 우리 모두가 변화의 리더가 될 것이다. 그러면 거기에 맞는 책임이 주어지게 되어 있다.

 변화의 선봉은 나로부터 시작됨을 인지하고 임하자.

> "사람들은 모두 비슷하게 태어나지만 습관에 따라 달라진다" 〈논어〉

| A | Attitude (태도) |
| C | C-Cycle (완성) Challenge, Change, Choice, Chance (도전, 변화, 선택, 기회) |
| T | **Try (실행)** |
| I | Innovation (혁신) |
| O | Open mind (열린 마음) |
| N | Never ever give up (절대 포기하지 마라) |

# AcTion
# TRy

영업 철학 : 실행

# 영업 철학 (ACTION) : T : Try

## ❸ T : Try(실천력)

　현대그룹을 일군 정주영 회장 특유의 "해보기나 해봤어!"라는 말이 있다. 이는 영업사원들에게 정말 중요한 말이라고 생각한다. 이 세상에 부딪치지 않고 이루어진 일은 하나도 없다. 만약 있다면 얼마 가지 못할 것이다. 일단 부딪쳐 보는 게 중요하다.

"실행이 곧 전부다. 아이디어는 과제 극복의 5%에 불과하다. 아이디어의 좋고 나쁨은 어떻게 실행하느냐에 따라 결정된다고 해도 과언이 아니다."
　　　　　　　　　　　　　　　　　〈카를로스 곤 닛산자동차 사장〉

"아는 것이 힘이던 시대는 지났다. 생각이든 결심이든 실천이 없으면 아무 소용이 없다. 아무 것도 달라지지 않는다. '하는 것'이 힘이다. 1퍼센트를 이해하더라도 그것을 실천하는 자가 행복한 사람이다."
　　　　　　　　　　　　　　　　　　　　　　　〈우종민 박사〉

　이처럼 아무리 뛰어난 전략과 아이디어라도 실행에 옮기지 않으면 결과를 만들어낼 수 없다.

"마법의 숫자 72"라는 것이 있는데 무슨 일을 마음먹고 실행하려는 시간이다. 즉, 최소한 72시간 내에 실행에 옮기는 일은 성공할 확률이 90% 이상이라는 것이다. 그만큼 마음을 먹었다면 실행에 옮겨야 한다는 이야기다. 지그 지글러는 "행동하는 사람 2%가 행동하지 않는 사람 98%를 지배한다."고 했다.

우리는 영업현장에서 아주 좋은 사례들을 접하곤 한다. 그 좋은 사례도 각자가 취하지 않으면 아무 소용이 없다. 좋은 사례면 무조건 시도해보는 것이 아무 것도 안 하는 것보다는 낫다고 본다.

무엇이든 "당장 시작하라."하면 "아직 내공이 부족해 조금 더 실력을 쌓은 후에 도전하겠다."는 말을 가장 많이 듣는다. 그러나 내공이 쌓일 때까지 기다리는 사람은 결코 내공을 쌓을 수 없다. 내공은 하나를 실패할 때마다 하나씩 쌓인다고 한다. 오늘도 또 하나의 내공을 쌓을 수 있도록 "부딪쳐보자."는 말은 영업사원의 가장 중요한 키워드인 것이다.

> **point**
> 실천되지 않은 아이디어는
> 단지 지나가는 생각에 지나지 않는다

## 퀀텀점프(Quantum Jump)

물리학 용어인 퀀텀점프(Quantum Jump)는 경제학에서도 어떤 기업이 혁신을 통해 단기간에 비약적으로 뛰어난 실적을 거두었을 때 사용한다.

전구를 발명한 에디슨은 필라멘트 실험을 할 때 모든 경우의 수를 죄다 넣어 실험한 것으로 유명한데, 그가 실험하다가 버린 쓰레기 더미가 2층 건물 높이에 달했다고 한다.
그가 연구 13일째 되는 날 2,399번 실패를 거쳐 2,400번 만에 전류를 통해도 타지 않고 빛을 내는 필라멘트를 만드는 데 성공했다. 2,399번에서 2,400번 사이에 퀀텀점프를 한 것이다.

퀀텀점프는 그냥 기다린다고 일어나지 않는다. 도약할 발판을 만들어두다가 상황과 기회가 맞아떨어질 때 비로소 변화가 일어나며 약진하게 되는 것이다. 겉으로 아무런 변화가 보이지 않는다고 중단해 버리면 아무것도 이루어지지 않는다.
물은 100℃가 되어야 끓는다. 99℃에 중단하면 끓지 않는다. 결국 100℃ 이상이 되어야 끓는다는 것이다.

우리의 일도 마찬가지다. 기본(5-Action)에 충실하고 어느 정도의 경지에 오를 때까지는 실적이 그저 그렇지만 꾸준히 반복한다면 영업의 복리효과가 비약적인 결과로 나타난다. 이때서야 퀀텀점프를 경험하게 된다. 그렇지만 중도에 포기하고 비정상적인 유혹에 넘어가는 담당자는 그런 경험을 하기도 전에 도태되고 만다. 그렇기에 목표에 전념하면서 기본(5-Action)을 자기의 것으로 만들어 갈 때 퀀텀점프를 만끽할 수 있는 것이다.

결국 의식의 차이를 행동으로 옮겨 꾸준히 반복함으로써 완성되는 게 퀀텀점프일 것이다.

> 비약적인 도약은 느닷없이 오는 것이 아니라 꾸준한 반복의 결과에서 오는 것이다

## 모범을 보여라

"리더십이란 모범을 보이는 것이다." 〈리 아이아코카〉
"누구에게라도 나와 똑같이 행동하라고 말할 수 있도록 행동하라." 〈칸트〉

나는 리더십을 "자기복제"라고 말하고 싶다. 다시 쉽게 말하면 리더십은 리더가 원하는 방향으로 조직을 이끌어 가는 것이다.
원하는 방향은 곧 구성원과의 공감대 형성이라고 표현할 수 있는데 어떻게 공감대를 형성할 것인가?라는 명제를 풀어갈 공감능력이 리더의 역할이라고 말하고 싶다.

아이아코카와 칸트의 표현대로 모범을 보이고 앞장선다는 측면에서 이해는 쉽지만 실천하기까지 자신을 죽이고 전체를 생각하고 리드해 나간다는 것은 "쉬운 일이 아니다."

결국 "리더의 꾸준한 모범"이 정답일 것이다. 그래서 자기와 같은 분신을 만들어가면 그 분신이 다른 분신을 만들어가면서 대단한 조직으로 탈바꿈하게 될 것이다.

우리가 서너 명이든 열 명이든 앞장서서 이끌어가기 위해서는 조직원과의 "정확한 목표공유"와 함께 "꾸준한 과정관리의 일관성", 그리고 "상호 교감하는 Relationship"이 필요하다.

진도를 리드해야 주어진 목표달성이 가능한데 하루 이틀 정도의 진도부족을 어떻게 할 것인가? 지금 시점에서 리더십을 보여야 할 것으로 생각되니 각자의 위치에서 나름의 리더십을 통해 사업부 기록에 힘을 보태길 희망한다. 오늘도 솔선수범의 하루를 시작도록 하자.

리더가 달라질 때 조직도 달라진다

## 운이 아니라 공이다

모든 일이 잘되면 운이 좋았다고 한다. 과연 아무 노력도 안 했는데 운이 따르는 일이 얼마나 많을까? 별로 없을 것 같다.

결국 운은 하고자 하는 이의 마음속에 이미 정해져 있다고 생각한다. "다 잘될 것이다."라는 긍정적인 마음으로 매일 만나는 사람과 지금하고 있는 일 그리고 목표에 집중하면서 공들인 결과가 운으로 바뀐다고 보는 게 맞다고 생각한다.

우리는 흔히 운칠기삼이라는 말을 많이 한다. 이는 노력도 없이 대충하는 사람들의 체념을 의미한다. 안 될 기미가 농후하기에 운칠기삼이란 말로 빠져나갈 구멍을 미리 만들어 놓은 것이라 생각하면 맞을 것이다.

따라서 스스로 운이 좋은 사람이라며 자신을 드높이고 매일 만나는 사람과 지금 자기가 하는 일, 그리고 목표에 집중하여 노력을 경주하다보면 성취하게 되는 게 세상의 이치다.

성공한 사람들의 인터뷰에서 가장 많이 접하는 말이 "운이 좋았다."라는 말이지만 액면 그대로 받아들여 대박만 쫓는 사람은 남는 게 쪽박뿐인 경우를 허다하게 보아왔을 것이다.

"하늘은 스스로 돕는 자를 돕는다."라는 말뜻을 이해한다면 어떻게 임해야 하는지는 자명하다.

OTC, DTC "I BEST 3 운동"의 3가지를 정했으니 실천하면서 만나는 사람(가족, 친구, 동료, 거래처)과 우리가 하는 일, 그리고 목표에 진정성을 다하여 공을 들인다면 운이 넘쳐흐를 것이다.

어려운 여건을 탓하고 힘들다고 여기면 답이 없다. 주변의 여건을 우리 편으로 만들려는 노력이 필요하다. 그 노력을 기울이는 게 최선을 다했다는 뜻이기도 하다.

그냥 관성대로 임하는 것이 아니라 위의 3가지에 공을 들이는 노력을 다한 것이 최선임을 명심하자.

> 운을 뒤집으면 공이다. 그래서 공들이면 운이 된다

## 시장지배력을 높이려면

시장지배력은 말 그대로 소수의 개인이나 사업자가 자기 마음대로 시장가격을 좌우하는 것을 말한다. 그래서 시장지배력을 높이려면 우선 자기 지역에서의 거래율을 높여야 하고 그 거래처의 가동률을 높이는 게 중요하다. 그리고 일정한 거래처에 일정한 금액이 꾸준히 투입되고 소비자에게 전달되는 재투입을 매월 반복할 수 있을 때 그 지역의 점유도가 높아진다.

그중에서도 주제품의 점유도를 높여야 한다. 그러기 위해서는 주제품의 역매도를 평가해야 하는데 가장 좋은 방법은 주제품의 투입률일 것이다. 매월 주제품의 투입으로 목표를 완성할 수 있을 때 지속 가능하다. 그리고 SUB제품으로 안정적인 거래를 만들어 갈 수 있을 것이다.

우리가 집을 지을 때도 주춧돌과 기둥이 아주 중요하다. 기둥이나 주춧돌 없이 인테리어에 치중했다면 오래 사용할 수 없는 모델하우스에 불과할 것이다. 주제품에 주목하라는 이유가 여기에 있다.

이같은 근거에서 기본(5-Action)에 충실하라는 말을 귀에 못이 박히도록 하는 것이다. 철저히 자기의 시장으로 만들어가기 위한 5-Action을 자기 주도로 만들어가야 하는 이유이다. 시장지배력은 말로만 만들어지는 것이 아니다. 현장에서 우리가 땀 흘려가며 만들어 가는 것이다.

얼마나 제대로 만들었는지에 따라 오래갈 수도 있고 금방 허물어질 수도 있는 게 시장이다. 시장을 우리 편으로 만들고 지배력을 높일 수 있는 방법은 오직 하나다.

"기본(5-Action)에 충실해야 하는 것이다."

그 선택은 누가 대신할 수 있는 게 아니라 오로지 자기 자신의 몫이다. 자기 지역은 자기가 책임지는 지역책임제의 전문가가 되기 위해서는 시장지배력을 높이기 위한 일련의 영업활동을 조금도 게을리해서는 안 된다.

거래율, 가동률, 제품투입률, 제품회전율, 다품목투입률, 회수율, 투입빈도율, 거래처별 단위 신장률 등 시장지배력을 강화하기 위해 무엇하나 소홀히해서는 안 된다.

결국 시장지배력이 높으면 지속적인 목표달성과 더불어 또 다른 상상휴를 즐기는 덤을 안게 될 것이다.

> 시장지배력은 말이 아닌 현장의 땀을 통해 만들어진다

## 자기 지역의 전문가

"자기 분야에서 최고가 되고 싶다면 먼저 한 분야의 최고 전문가가 되라. 자신의 능력을 여기저기 나눠쓰는 일은 자제하라. 나는 여태까지 여러 가지 일에 손대는 사람이 돈을 많이 버는 것을 거의 보지 못했다."

〈앤드류 카네기〉

 우리는 자기가 담당하는 책임지역을 가지고 있다. 그냥 막무가내로 아무 곳으로나 영업을 하러 다닌다면 상당히 힘들 것이다. 그러나 일정한 지역 범위 내에서 집중할 대상이 있기에 하루하루를 새미있게 보낼 수 있다고 본다. 그러나 실적이 뒷받침되지 않는다면 어떨까?
 하루 이틀은 괜찮을지 몰라도 가시방석이나 다름없을 것이다. 결국 일정 이상의 실적이 나오는 환경을 만들어 가는 게 무엇보다도 중요하다.

 자기의 개성을 바탕으로 하나하나 만들어나가야 한다. 현실에 안주해서는 도태되고 만다. "변화"라는 친구와 함께 하나하나 만들어 가는 것에 재미를 붙여야 한다.

누군가가 설정해 놓은 높은 목표는 불만의 대상이 된다. 반면에 스스로 세운 높은 목표는 몸과 마음이 그쪽으로 향하기 때문에 지금까지와 다른 방법이 떠오르게 되고 실천을 통해 성과를 만들어낸다.

예전에 어떤 CEO가 5% 신장 목표는 달성하기 어려우나 30% 이상의 신장목표는 달성가능하다고 했던 말이 떠오른다. 당장은 실현 가능하지 않더라도 목표를 포기하지 않는 한, 방법이 나오게 된다고 하였던 말도 생각나는데 이는 무엇을 의미할까? 이는 결국 인간이 역경 속에서도 발전을 거듭해온다는 증거이다. 결국 자기가 담당하는 지역의 전문가가 되기 위한 영업의 TOOL인 5-Action을 자기의 것으로 발전시키고 시간이 지남에 따라 더 변화된 내용을 갈구하고 실천하는 게 중요하다.

"생각이 곧 실적이다."
자기 담당지역에서 최고가 되겠다는 생각으로 5-Action을 실천하며 하루하루를 자기 것으로 만들어 가면 최고가 된다.

> 영업 분야에서 최고로 성공하고 싶다면
> 먼저 자신의 담당 지역에서 최고가 되라

## ▌"내일"이 아니라 "오늘"이다

"삶에서 가장 파괴적인 단어는 내일이라는 단어다. 내일이란 단어를 자주 사용하는 사람들은 가난하고 불행하고 실패한다. 이런 사람들은 종종 내일부터 투자하겠다고 말한다. 또는 내일부터 운동과 살빼기를 시작하겠다고 말한다. 오늘은 '승자'들의 단어이고, 내일은 '패자'들의 단어다. 당신의 인생을 바꿀 수 있는 말은 '오늘'이라는 단어다."

〈로버트 기요사키〉

여러분은 위의 글을 보고도 또 다음 주를 기약하는가? 물론 이번 주에 미진했다면 다음 주로 계획을 연기해야겠지만 중요한 것은 일일 관리를 달성해가는 것이다. 우리가 일을 진행하면서 가장 아쉬운 것이 진도에 끌려가는 것이다. 진도에 끌려간다면 무엇이 문제인가 잘 살펴봐야 한다.

같은 영업사원 중에는 항상 진도에서 앞서는 이들이 있다. 이들은 담당지역이 남보다 더 좋아서 쉽게 실적이 나오는 것이고 처지는 사람은 지역이 나빠서 그런가? 맞는 말이다. 남보다 진도가 앞서고 있는 이들은 지역이 좋은 것이 사실이다.

이것을 잘 살펴봐야 한다. 인수받을 때부터 실적이 빵빵한 거래처를 물려받은 경우도 있겠지만 더러는 본인들이 노력해서 실적이 나오는 환경을 만들었을 것이다.

영업 결과는 거짓이 없다는 것을 30년 동안 체험하면서 느꼈다. 노력한 만큼 결과는 반드시 나온다.

예전엔 좋은 지역이 아니었지만 노력하여 좋은 결과로 만든 지역이 아주 많다. 지금 실적이 부진하다면 그만큼 노력이 부진했다는 방증이다. 언제까지 지역 탓만 하고 움직이지 않은 것인가? 한번 자문해보길 바란다.

탕류 부진지역이면 지금이라도 가을철 탕류 활성화를 위해 씨앗을 뿌리는 심정으로 준비해야 나중에 조금이라도 발전할텐데 우리 지역은 "탕류 부진지역"이라고 외치는 사람은 스스로를 부진한 사람이라고 광고하는 것이다. 지역정년, 지역책임제를 유지하고 있는 우리가 어떻게 일해야 할지 시사하는 바가 크다.

어제 "세상은 주고받는 원리로 이루어져 있다."고 메일에 보냈다. 자기가 담당하는 지역을 후임자에게 인계하면서 "역지사지"로 생각해보면 지금 맡은 일을 허투루 할 수 없다고 본다.

결국 자기가 맡은 지역에서 제대로 일해 놓으면 나중에 후임자에게 제대로 된 대접과 동시에 본인도 잘 가꾸어진 지역을 받을 수 있다는 점을 명심한다면 "오늘" 충실해야 한다. 이러한 분위기를 만들어가야 한다.

 자기가 맡은 지역은 누구도 대신하기 어렵다. (지역책임=담당자) 안정된 실적을 만들려면, 진도에 끌려가지 않고 진도를 리드하는 영업활동을 진행하려면 "오늘" 자기 거래처를 자기가 원하는 방향으로 만들어가야 한다.

 우리는 늘 잘해왔다는 점을 가슴에 품고 더욱 멋진 지역으로 만들어 가려는 적극적인 태도로 주간 마무리를 확실히 하자.

제대로 된 오늘을 만드는 사람이
제대로 된 내일을 맞는다

## 성과란?

일시적이 아니라 지속성장하는 것이다.

"하루 연습하지 않으면 자기가 알고, 이틀을 연습하지 않으면 동료가 알고, 사흘을 연습하지 않으면 청중이 압니다. 성공의 비결은 끊임없는 연습입니다."
〈장영주 바이올리니스트〉

우리는 자기 지역의 전문가이자 책임자이다. 아무도 보지 않지만 하루 영업을 게을리하면 자신이 위축되고, 이틀 영업을 미진하게 하면 동료가 알고, 사흘 영업을 허투루 하면 고객이 안다는 점은 세계적인 바이올린 연주자와 같다. 성과는 일시적으로 반짝하는 것이 아니라 지속적이어야 한다.

이러한 상태를 만들기 위해서는 장영주의 사례처럼 꾸준한 노력이 필요하다. 즉 영업환경을 우리가 원하는 대로 만들기 위한 노력이 병행돼야 하는데 제품과 거래처 사이의 교량역할을 어떻게 진행하는지에 달려있다. 주제품에 대한 시장지배력이 절대적으로 작용한다.

주제품이 시장에 제대로 안착하지 않고서는 절대로 지속가능한 성과를 만들어낼 수 없다.

〈위대한 기업은 어디로 갔을까〉의 저자인 짐 콜린스는 말한다. "한번의 큰 성공보다 일관성 있는 작은 행동이 위대함을 결정한다."
영업지표의 개선을 위한 작은 행동들이 모여 하나의 트렌드를 이룰 때 성과가 지속된다는 점을 명심하자. 지금까지 누누이 강조해온 5-Action을 어떻게 자기 것으로 만들어냈는가에 따라 그 사람이 평가받는 것이다.

그 작은 행동들은 그냥 나타나는 것이 아니라 하고자 하는 쪽에 마음의 진을 치고 임해야 한다.

> 오늘의 성과는 지난날의 노력에 비례하고
> 내일의 성과는 오늘의 어떠함에 달려있다

## 꾸준함이야말로 최고의 경쟁력이다

별것 아닌 것처럼 보이지만 매일 0.1%씩 향상시킬 경우 첫 한 주 동안 자기 자신의 성과를 0.5% 향상시킬 수 있다. 매주 0.5%가 4주 동안 축적되면 2%가 향상되고 이는 1년 만에 26%가 향상됨을 뜻한다. 그리고 매년 26%씩 10년 동안 계속된다면 처음 시작에 비해서 무려 1,000%(복리로 정확히 계산하면 1,008%가 된다)라는 엄청난 성과를 창출할 수 있다. 〈브라이언 트레이시〉

영업을 하면서 타고난 사람도 있지만 좀 부족해 보이더라도 남과 다른 방법으로 노력하여 성공하는 사람들이 더러 있다. 남이 일할 때는 당연히 일해야 하지만 남이 쉴 때 조금이라도 일하거나 일을 위한 준비를 진행하는 사람은 무조건 그 분야에서 성공한다고 본다.

영업 상위에 있는 사람들의 면면을 보면 다른 사람과 똑같이 열심히 일하는 면도 있지만 남과의 차별화를 위해서 항상 고민하고 준비하는 점이 다르다. 결국 "남과 같이해서는 남 이상 될 수 없다."

우리가 영업현장에서 5-Action을 자기 것으로 만들어 가고 있는지 한 번 더 생각해보자.

5-Action을 다시 한번 설명해보면 전개 방법이 이렇다.

1. 주 1회 방문으로 거래처와의 관계를 신뢰로 구축하는 것. (불특정 다수의 고객이 아닌 지역 책임제 거래처이므로 주 1회 방문을 기본으로 운영)

2. 차별화된 영업활동 진행. (다수의 제약사와 경쟁하기 때문에 1항을 바탕으로 한 차별화 영업만이 생존)

3. 거래처 재고관리 선행 영업 진행. (1, 2항에 바탕을 두고 기존에 투입된 제품의 재고 선입선출 관리)

4. Gold-Zone 활동 강화. (1, 2, 3항을 바탕으로 골드존에 우리 제품을 투입시키고 Key-Man을 우리 편으로 선회토록 종용)

5. 3 NEW(신규투입제품, 신제품, 신규활동) 강화로 미래성장 동력 확보. (1, 2, 3, 4항에 바탕을 둔 3 NEW 활동 전개)

이상의 5-Action을 자기 것으로 만들어 간다면 브라이언 트레이시가 말한 엄청난 성과(나비효과+누적효과=복리)를 창출할 수 있다.

우리가 항상 쓰는 용어는 생각 없이 인지만 하고 지나치는 경우가 허다하다. 따라서 지속적이지 못하고 변화가 더디고 항상 그 범주를 벗어나지 못하는 사람이 많다고 생각한다. 그럼 어떻게 해야 할까? 자신에게 질문을 해보는 것이다.

"주 1회 방문하면 어떤 점이 거래처에 각인되고 신뢰가 생기는 것일까?"

"주 1회 이상 방문이 이루어지지 않고 차별화된 영업만으로 영업 고수의 반열에 올라갈 수 있는 방법이 있지 않을까?"

물론 더 좋은 방법도 많을 것이다.

중요한 것은 얼마나 꾸준히 실천하여 자기 것으로 만들어 가느냐는 것이고 이를 통해 성취감을 느끼고 동료들에게 사례를 전파하면서 스스로 성장하는 기반을 만들어 가느냐는 것이다.

얼마나 자신의 성장을 위해 고민하고 실천하는가?

자기 주변에 있는 타인의 성장을 위해 얼마나 노력하는가?

이는 우리 사업부라는 테두리가 함께 성장하는 길임을 명심하고 실천토록 하자! 별것 아닌 것처럼 보이는 0.1%지만 매일 실천한다면 10년 후 여러분의 모습은 어떻게 변해 있을까? 자못 기대가 되지 않는가?

> 매일매일의 꾸준한 실천이
> 나와 조직의 경쟁력을 만든다

## ▎하루 0.5%씩 밀린다면 어떻게 될까?

작은 것이 쌓여 큰 것을 이룬다. 역사상 위대한 업적들은 모두 자그마한 노력과 실천들이 합쳐져 이루어진 것들이다. 큰 것을 이뤄가는 과정에서 자칫 작은 것을 소홀히 하는 것은 위험한 태도라 생각된다. 별 생각 없이 우리가 매일 0.5%씩 진도가 밀린다고 생각하면 15일이면 7.5%이다.

이를 월말에 가서 해야 한다고 생각했을 때 얼마나 막막하게 보이는가? 그래서 진도를 리드하면서 영업활동을 하는 게 무엇보다 중요하다. 진도를 리드하는 직장생활과 진도에 쫓겨가며 직장생활을 하는 차이는 엄청나다.

똑같은 휴일을 보내더라도 전자와 후자의 차이는 크다. 어떤 직장생활을 꿈꾸는가?

"계획이 실패하는 이유는 목적이 없기 때문이다. 어느 항구로 가야 할지 모른다면, 제 아무리 순풍이 불어도 소용이 없다." 〈세네카〉

위의 내용처럼 어떤 담당자나 지점은 진도 목표에 앞서서 가고 있을 것이고 어떤 담당자나 지점은 그렇지 못한 경우가 있을 것이다. 이제 더 이상 미루고 있을 상황이 아니라는 것은 모두가 인지하고 있을 터이니 우리의 역량을 믿고 집중할 필요가 있다. 다만 우리가 어떤 각오로 임하는지가 가장 중요하다.

"해야 한다.", "할 수 있다."라는 긍정적인 자신감이 필요하다고 본다. 우리는 지금까지 무수한 마감을 멋지게 이룬 전적이 있기에 나름의 자신감으로 매일매일을 시작한다. 이러한 우리의 태도가 앞으로의 직장생활을 결정한다고 본다.

운명은 열심히 일하는 사람의 편을 들게 되어 있다. 그래서 영업환경을 우리의 편으로 바꾸려는 노력을 지속적으로 해야 한다. 영업의 기본인 5-Action을 자기 것으로 만드는 것이 바로 영업환경을 우리 것으로 만들어 가는 것임을 명심하자.

"많은 전쟁터에서 우리는 승패를 결정하는 중요한 사실을 발견했다. 즉, 한쪽은 전력을 다해 싸웠으나 다른 한쪽은 그렇지 않았다는 사실이다."

〈존 보이드 군사전략가〉

태산도 한 줌의 흙을 보듬는 데 소홀하지 않았고, 장강도 작은 시냇물을 품으며 시작됐다는 고전에서 알 수 있듯이 작은 것이 쌓여 큰일을 이룬다. 또 그 작은 일도 목적을 동반한 활동이 수반될 때 비로소 빛을 볼 수 있다.

지금은 0.5%라도 진도를 끌어가는 지혜가 필요한 시점이다. 무슨 일이든지 구성원의 의지의 합이 곧 결과이다. 선도적인 사업부라는 그간의 긍지를 바탕으로 항상 멋진 마무리를 해온 OTC, DTC의 저력을 또 한 번 기대하면서 새벽을 맞이한다.

> 나를 패자로 만드는 것은 경쟁자가 아니라 사소한 소홀함과 약간의 게으름이다

## 뜻을 함께하는 것이 회사다

회사를 영어로 "company"라고 한다. 이는 "함께"라는 com과, "빵"을 의미하는 pany가 결합한 단어다. 즉, 빵을 함께 먹는 동료라는 뜻이다. 그러나 "company"는 먹는 빵 이상으로 뜻을 함께하는, 뜻을 함께 공유한다는 의미가 있다.

지점장 전략회의에서 스스로 설정한 공감대를 조직원들에게 전파하여 공감을 얻고 행동하는 것이 중요하다. 아무리 좋은 대안도 행동으로 옮기지 않으면 아무 소용이 없는 것이다.

사람들은 스스로 기한을 설정하여 집중할 때 의외로 몰입하는 경우가 많다. 마감일자와 목표를 세우고 일일 과정관리를 제대로 진행하면 목표는 달성되게 되어 있다.

일을 대하는 자세에 따라 결과가 달라지는 것을 수없이 체험했을 것이다. 긍정적인 마인드로 주어진 목표는 확실히 달성할 수 있다고 스스로 임하는 자세와 그것을 가장 즐거운 마음으로 재미있게 풀어가는 것이 최선의 해답이다.

그러면서 서로 관계하는 이들과 따뜻한 교감을 나누고 소통하면서 서로에게 감동을 주려는 자세가 필요하고 경우에 따라서는 성공사례를 공유함으로써 분위기를 한껏 올릴 수 있다고 본다. 사업부의 목표도 한두 사람이 잘해서 잘되는 경우는 없다. 구성원의 80% 이상이 뜻을 함께하는 공감대를 만들려는 의지가 필요하다. 그렇게 하려면 따뜻한 교감과 더불어 서로에게 감동을 주어야 한다. 무엇이 감동일까?

"상대의 간절함에 답하는 것이 감동이다."

지점장으로서, 사무소장으로서, 또한 현장을 담당하는 담당자로서 관계하는 이들에게 감동을 주는 일이 늘어간다면 긍정의 힘은 플라시보 효과로 거듭날 것이다.

> 조직의 성공은 혼자가 아니라
> 뜻을 함께하는 동료와 같이 이루는 것이다

## ▎열정은 전염된다

　세상의 모든 일들 가운데 열정 없이 그냥 이루어진 것은 하나도 없다. 우리는 직장생활에서도 열정적인 사람들을 좋아한다. 사람들은 부정적인 상사보다는 자신이 하는 일에 애정과 열정을 가진 상사를 더 따르는 것으로 조사되고 있다. 또한 보고서에 의하면 100명 중 99명이 긍정적으로 생각하는 사람의 옆에 있고 싶어한다. 또 10명 중 10명은 자신의 주위에 긍정적인 사람이 있을 때 생산성이 더 높아진다는 사실이다.
　그럼 우리도 자신의 주위를 둘러보자. 긍정적인 사람으로 둘러싸여 있는지? 긍정적인 사업부, 90% 이상이 긍정적인 에너지로 꽉 찬 동료들이 있어 얼마나 행복한 직장생활을 하고 있는지 매일 느끼고 있어 잘 모를 뿐이다.

　"열정적인 사람들은 어떻게든 일을 해낸다. 훌륭한 리더에게서는 주어진 일을 해내고자 하는 열정을 느낄 수 있다. 열정이 눈에 보인다. 열정적인 사람들은 다른 사람들에게 사기와 의욕을 불러일으킨다. 우리가 잘 아는 것처럼, 열정은 전염된다." 〈레너드 H. 로버츠, '라디오색 회장'에서〉

　"열정은 전염된다."

다른 사람의 열정을 기대하기보다 스스로 열정을 불태우고 있으면 주변의 동료들도 저절로 열정을 발휘하는 사례를 많이 본다.

회사 창립 52주년을 맞이하면서 열정은 전염된다는 것을 다시 한 번 실감한다.

이른 아침인데 아직 어두컴컴하다. 얼마 전까지만 하더라도 떠오르는 태양이나 여명을 느낄 수 있었는데 그만큼 시간이 깊어진 것 같다. 청양의 해를 맞이한 지가 엊그제 같은데 벌써 마무리할 시점이 다가오고 있다.

성공을 부르는 열정, 열정은 전염된다

## 삶은 땀을 먹고 자란다

영업현장에서 거래처와 우리 제품은 영업사원의 발걸음에 따라 성과가 다르게 나타난다는 이야기를 한 적이 있다. 성공한 사람은 보면 3가지를 이야기한다.

"삶은 땀을 먹고 자란다."
"지루한 반복이 달인을 만든다."
"천재는 노력하는 사람을 이길 수 없다."

이것이 저절로 되게끔 하려면 진지한 실천을 반복하여 그 분야에서 전문가가 되어야 한다.

영업 현장에서 전문가가 되기 위해서는 기본(5-Action)을 철저히 반복하는 것이 중요하다는 점을 알아야 한다. 어떤 분야이건 간에 자기 일의 무수한 반복이 결과를 이끌어간다.

"사소함이 꾸준함을 만날 때 비범함을 만들어내는 것이다."

선대 회장님께서 경사 5도의 성장 관리를 강조하신 숨은 뜻은 결국 "꾸준함"이다.

"공짜처럼 보이지만 저절로 되게 하려면 자신을 몽땅 내주어야 한다. 저절로는 아무렇게나 하는 것처럼 보이지만 저절로 되게 하려면 수많은 실험을 거쳐야 한다. 저절로는 너무 쉬운 것처럼 보이지만 저절로 되게 하려면 지루한 반복을 거듭해야 한다."

〈고전연구회 시암 외 '조선 지식인의 글쓰기 노트'에서〉

항상 100% 마감을 하는, 지속적으로 주어진 목표를 달성하는 OTC사업부는 저절로 된 것이 아니라 기본(5-Action)의 무수한 반복을 통해 현장을 리드한 지역 전문가가 있었기 때문이다.

오늘 몹시 무더울 모양인지 새벽부터 매미의 울음소리가 유난히 크게 들린다. 꾸준함의 끝은 상상휴다. 멋진 상상휴를 위해서 땀을 아끼지 말자!

주저하는 준마보다 꾸준히 가는 둔마가 더 낫다 〈사기〉

## ▲ 열정적으로 행동하면 열정적인 사람이 된다

아무리 좋은 생각과 계획이 있더라도 행동으로 옮기지 않으면 아무 소용이 없다. 그래서 "작심삼일"이라는 사자성어도 생겼는지 모른다. 연초에 세웠던 계획들이 어느 정도나 완성되어 가는지 돌아보면 행동으로 옮기지 않은 계획은 "사상누각"에 불과하다는 것을 확인할 수 있다.

영업현장에서 "5-Action"을 강조하는 이유도 5가지 원칙을 무작정 따라만 하더라도 어느 정도 개인차가 있겠지만 반드시 "좋은 실적의 영업사원"으로 거듭나게 된다는 것이다.

2007년 하버드대의 앨런 랭어는 하버드 의대와 함께 다음과 같은 실험을 했다. 75세부터 91세까지 신체거동이 불편한 노인 12명을 선발하여 행동이 그 다음 신체변화에 어떤 영향을 주는지를 알기 위해 Study를 진행했다. 12명의 노인을 가위바위보로 무작위 선발하여 6명씩 2그룹으로 나누었다.

A그룹은 "20년 전처럼 행동하세요."였고 B그룹은 "20년 전을 구경하세요."라고 설정해 보스턴 근처의 전원주택에서 5박 6일간 체험하게 하였다. 이동하는 버스에서부터 내부 인테리어, 라디오, TV 등 모든 것을 20년 전의 모습으로 바꾸어서 실험을 진행했

다. 6시간 후 A그룹의 "행동하세요." 노인들이 지팡이를 짚지 않고 걷게 되었다. 또 하루가 지난 후 하버드 의대에서 고혈압, 당뇨 등 50여 가지의 항목 중 46가지 항목이 의미 있는 변화를 보였다. 5박 6일 체험 이후 A그룹의 "행동하세요." 노인들은 자기 가방을 직접 들고 2층 방으로 올라가는 등 20년 전과 비슷한 생활을 하는 것으로 나타났다. 그러나 "구경하세요."의 B그룹은 별다른 변화를 보이지 않았다.

여기서 시사하는 점은 "늙어서 못 움직이는 것이 아니라 움직이려고 하지 않기에 늙는다."는 점이다. 결국 개인의 미래는 지금 어떻게 행동하느냐에 달려 있고 사업부의 미래는 지금 어떤 행동을 하는가에 좌우된다.

"5-Action"이 중요한 이유가 바로 여기에 있다. 아무리 좋은 영화 시나리오도 행동으로 옮기지 않으면 아무 소용이 없다.

"Ready Action"이 답이다.

이미 이루어진 것처럼 상상하면서 "열정적으로 행동하면 열정적인 사람이 된다."

> 늙어서 못 움직이는 것이 아니라
> 움직이려고 하지 않기에 늙는다

## 무엇이든지 시작해보는 것이 중요하다

아무리 좋은 계획이 있다 하더라도 시작해보지 않으면 아무 소용이 없다. "시작이 반이다."라는 말이 있듯이 일단 시작해보는 것이 백번 생각하는 것보다 훨씬 좋다. 물론 아무 생각 없이 무조건 하는 것보다는 자기 계획을 세워 나름대로 정리 후 시작한다면 일단 성공한 셈이다.

우리 속담에 "시작이 반이다."라는 말이 있다. 아우렐리우스가 말한 "거창한 일이라도 우선 시작해보라. 손이 일에 착수했다는 것만으로도 일의 반은 이룬 셈이다. 그러나 아직 반이 남아 있다. 한 번 더 착수해 보라. 그러면 일은 모두 마무리되는 셈이다."처럼 생각을 실천으로 옮기는 것이 중요하다.

헤밍웨이는 창작활동의 비결이 뭐냐는 사람들의 질문에 "무슨 일이 있어도 매일 정해진 시간에 책상에 앉는 것이다."라고 말했다고 한다. 무슨 계획이든지 진도가 나가든 안 나가든 일단 시작해보면 조금씩이라도 나아갈 수 있다. 그러면서 좀 더 노력하면 계획했던 대로 뿌듯한 결과를 안게 될 것이다. 계획했으면 일단 시작해보자. 그러면 반드시 이룰 수 있을 것이다.

우리 속담은 우리 조상들이 체험한 통계 자료라고 생각한다.

그 체험의 시간이 우리의 역사다. 사람들이 직접 체험하고 구술로 전해오는 우리 민족의 통계 자료다. 그러한 속담이 주는 메시지를 잘 이해한다면 "시작이 반이다."는 일단 시작하면 관성의 법칙이 작용하여 좋은 결과를 얻게 되어 있다는 의미라는 것을 알 수 있을 것이다. 그러니 일단 시작해보자.

좋은 결과가 기다리고 있을 것이다.

모든 가능성을 실제 결과로 만드는 첫 번째 힘은 곧장 시작하는 것이다

## 경쟁에서 이기려면?

대개 성공한 사람들의 이면을 보면 남다른 재주나 특별한 능력이 있어서라기보다는 남들보다 인내심이 강함을 엿볼 수 있다. 우리 주변에서 쉽게 포기하는 사람을 많이 볼 수 있다. 자기의 재능을 발휘하는 것도 중요하지만 끈기가 없으면 성공하기 어렵다는 얘기다. 도중에 포기하지 않는 꾸준함이 경쟁에서 이기는 방법 중의 하나라고 본다.

미국의 사업가이자 강철왕이라고도 하는 카네기는 승부를 가리는 데 있어서 가장 중요한 것은 "인내"라고 했다. 그는 또한 "참고 있으면 반드시 기회가 생긴다."라고 했다. 생존경쟁에서 남보다 앞서기 위해서는 무엇보다 "인내"가 필요하다.

약국 영업에서도 진도가 조금 못 미친다고 포기한다면 성과를 제대로 이어갈 수 없다. 절대 포기하지 말고 기본에 충실하다 보면 자기가 예상치 못한 시기에 성과를 거두는 임계점(the critical point)이 생긴다. 그러나 그런 상태까지 참지 못하고 중도에 포기하는 사람이 의외로 많다. 주어진 거래처, 그동안 유지되어오던 품목 등을 가지고 하는 약국 영업에서조차 제대로 인내하지 못한 사람이 그보다 더 경쟁이 심한 사회에서 살아남기는 더더욱 어렵다고 본다. 자신이 느끼는 임계점까지 꾸준함이 요구되는 것, 즉 "인내"가 경쟁에서 이길 수 있는 비결이 아닌가 싶다.

"강한 자가 살아남는 게 아니라 살아남는 자가 강한 자이다."

> 때론 능력이 아니라
> 인내가 경쟁에서 이기는 힘이 된다

## ▎일을 통해 자신의 성장을 도모하자

회사를 다니면서도 왜 일하는지 알지 못한 채로 그냥 남들이 하니깐 무작정 다니는 사람도 더러 있을 것이다. 자기 스스로 적성에 맞지 않는다며 항상 다른 세상을 동경하지만 이런 경우 그저 변방에 머무르면서 세월만 죽이는 것과 같다. "시간이 지나면 당연히 변할 것이라 생각하지만 자기 스스로 변하지 않으면 아무것도 변하지 않는다."는 말이 있다. 달걀이 스스로 깨고 나오면 병아리가 되지만 남이 깨면 후라이가 된다는 말이 적절한 비유일 것이다.

이나모리 가즈오 교세라 회장은 자기 스스로가 변방에 머물러 있다고 생각할 때일수록 "자신이 맡은 일에 최선을 다해라. 그것이 오늘의 시련을 극복하고 내일의 운명을 바꿔주는 만병통치약임을 명심하라."며 각오를 다졌다. 이 말은 열심히 일할 때 흘리는 땀이 오히려 시원하게 느껴진다는 표현과 일맥상통한다. 사람은 노동을 통해 목적을 달성하지만 그 과정에서 자신을 수양하고 하나의 인격을 만들어 가기도 한다. 우리는 일을 통해서 그 일의 완성뿐 아니라 자신이 성장하는 뿌듯함도 느끼게 된다. 이게 바로 일하는 재미가 아니겠는가?

자기가 하는 일에 대해 최선을 다하려는 생각의 차이가 일의 방향을 결정하고 인생을 바꾼 사례는 우리들 주변에 상당히 많다.

그만큼 자신이 하는 일에서 모든 것이 결정된다는 이야기이다.

"하고자 하는 마음이 있다면 어떠한 난관이라도 능히 극복할 수 있다."

스스로 변하지 않으면
아무 것도 변하지 않는다

| A | Attitude (태도) |
| C | C-Cycle (완성) Challenge, Change, Choice, Chance (도전, 변화, 선택, 기회) |
| T | Try (실행) |
| **I** | **Innovation (혁신)** |
| O | Open mind (열린 마음) |
| N | Never ever give up (절대 포기하지 마라) |

# ACT**I**ON
# **I**NNOVATION

영업 철학 : 혁신

## 영업 철학 (ACTION) : I : Innovation

### ❹ I : Innovation (혁신)

"현재를 파괴하는 기업만이 미래를 가질 수 있다. 창조는 파괴의 또 다른 이름이다. 리스크를 두려워하면 창조는 없다. 새로운 것에 대한 도전은 엄청난 리스크를 떠안는다. 반면 도전의 성공은 미래 시장 지배라는 천문학적 가치의 과실을 보장받는다."  〈조셉 슘페터〉

빠르게 변화하는 시대에 살아남기 위해서는 혁신이 답이다. 특히 이러한 저성장 시대에서는 혁신을 통한 빠른 시대의 적응이 절대적이다. 과거와는 다른 혁신이 우리의 미래를 만들어 줄 것이다.

혁신이라고 해서 그리 거창한 것은 아니다. 자기가 속해 있는 조직이나 개인의 목표달성, 그리고 그에 도달하는 과정에서의 그것을 달성하기 위한 노력, 열린 커뮤니케이션 문화로의 변화 등이 필요하고 중요하다. 지금보다 더 나은 내일을 위한 미래를 만들기 위해 현재의 안일함에서 벗어나려는 몸부림이 혁신이라고 본다. 그러한 혁신은 위험하기도 하지만 위험을 감수하면서도 질적, 양적 성장을 위한 고민과 실행하는 태도는 적어도 영업사원이라면 갖추고 있어야 한다.

영업 잘하는 5단계의 최상위 단계는 목표를 달성하면서도 현장에서 느끼는 시장 트렌드를 읽고 사업부에 정책입안이 되도록 도움을 주는 사람이라고 그 동안 교육한 바를 상기하면 된다.

무엇을 혁신하는 게 중요한 것인가? 혁신은 외부에 있기도 하지만 우리 내부에도 있다. 그래서 우리 눈앞에 있어도 관심이 없다면 보지 못할 것이고 변화 없이 시간이 지나면 서서히 도태되겠지만, 조직이나 개인이 미래를 위한 포석으로 지속적인 관심을 갖고 노력을 한다면 선순환의 시너지가 발휘될 것이다.

분당의 새마을연수원 액자에 쓰인 "마음이 있지 아니하면 보아도 보이지 않고 들어도 들리지 않고 먹어도 맛을 느끼지 못한다."는 말은 달리 말하면 혁신을 의미한다.

이는 주변에 산재해있는 안일함에서 벗어나려는 의지와 조직의 노력, 그리고 다양한 계층과 소통하고 협력하는 열린 커뮤니케이션이 자리 잡을 때 가능한 일이다. 또 기본에 충실하면서 꾸준히 수행하는 것도 "혁신"의 지름길이다.

혁신은 마라톤이라고들 한다. 반짝 성과를 내기 위함이 아니기에 콩나물시루에 물을 주듯이 기본에 충실한 영업활동이 혁신을 이루는 지름길이다. 不息之工.

"기본에 충실하자(Back to the basic)"는 이야기를 하고 싶다. 정부나 국민이나 직장이나 무엇이 기본인지 한번 생각해 볼 일이다. 나는 두 가지 의미로 해석하고 싶다.

첫째로 당장 손해를 보더라도, 별 도움이 안 되더라도 옳다고 생각하는 것을 그대로 실천하는 것이고,

둘째로 어제 내가 옳다고 생각한 것이 오늘도 옳은 것인지 매일 되새겨보고 또 꾸준히 새롭게 준비하는 것이 기본이자 혁신적인 마인드라고 생각한다.


기본이 제대로 지켜진다면 시간이 해결할 일이라고 본다. 모두 "기본"이 곧 "혁신의 원동력"임을 잊지 말자.

---

**point**

혁신의 원동력은 "기본"이다.
기본에 충실하자(Back to the basic)

## ▎철학이 있는 영업활동

"익숙함과 결별하여 세계를 낯설게 바라볼 수 있을 때,
철학은 비로소 시작됩니다." 〈최진석, '인간이 그리는 무늬'에서〉

기존의 자기와 결별하지 않고는 절대 새로운 자기를 만날 수 없다. 매일 기존의 자기에서 벗어나야 변화하는 자기 자신을 만나는 것이다. 어떻게 벗어날 수 있는지 생각해 볼 필요가 있다.

새로운 시도를 하는 것도 의미 있는 일이지만 시간과 효율을 따져볼 때 별로라는 생각이 든다. 결국 자신의 일 가운데 관심을 갖고 다른 각도에서 생각해보는 습관을 만들어 갈 필요가 있다.

지금까지의 방법과 다른 시도를 많이 할수록 또 다른 자기를 만날 수 있지 않을까?

모든 사람들은 일상의 관성대로만 움직이려는 습성이 있다. 이러한 관성에 의해 행하는 것보다는 새로운 시도를 많이 하는 사람이 어제보다 나은 오늘, 오늘보다 나은 내일을 만들어 갈 수 있지 않나 생각해본다.

우리가 영업하는 주어진 Tool인 5-Action에서도 답을 찾을 수 있다고 본다.

똑같은 상황을 매번 만나기는 쉽지 않을 것으로 보여지므로 첫 번째인 주 1회 원칙을 좀 더 발전시켜 일정한 시간대를 고수하면서 고객과의 밀착도를 평가해보는 방법이고 두 번째의 차별화된 영업활동은 무엇인지 끊임없이 생각하고 실천해보면 거래처별로 좋아하는 것, 영업에 용이한 것 등을 파악할 수 있을 것이다.

"익숙함에서 결별하여 주어진 환경을 낯설게 관조해볼 때 철학 있는 영업이 전개된다."

이제까지 진도계획보다 빠른 사람이나 진도를 달성한 사람은 기존의 보폭대로 하면 될 것이고 진도보다 처진 사람은 1일을 2일처럼 노력해야 마무리가 가능할 것이다.

영업은 욕심이 있는 사람, 근성이 있는 사람이 잘한다고 본다. 자신은 어떤 사람인가? 익숙함에서 변화를 도모하는 근성 있는 영업사원으로 거듭나야 남보다 앞설 수 있는 것이다.

"남과 같이해서는 남 이상 될 수 없다."

지난 진도에 이번 주에는 어떻게 대처해야 할 것인지 준비가 되어있는 사람인지 아니면 그냥 관성대로 출근에 임한 사람인지 한 번쯤 생각해보고 출발하는 월요일, 뜻있는 월요일이 되었으면 한다.

> 익숙한 일상과의 결별,
> 일상을 "낯설게" 볼 때
> 철학 있는 영업이 시작된다

## I BEST 3 운동

이건 슬로건이 아닌 변화의 행동지침이다. 그 운동의 제목명이 내가 최고가 되기 위한 "I BEST 3 운동"이다.

그 실천방안은 아주 쉬운 3가지, 하나는 동료들과 따뜻한 눈빛을 교환하며 미소 짓기, 두 번째는 목표달성을 위한 화이팅 박수 3번, 그리고 마지막으로 현장에 나가는 모든 이가 5-Action에 맞는 내용을 실천하고 그 중 한 가지를 당일 밴드 내용 댓글에 올리는 것이다. 이는 상호 격려와 벤치마킹으로 서로에게 도움이 되도록 분위기UP을 이끌기 위함이고 이 세 가지를 지속적으로 실천함으로써 사업부 변화의 디딤돌로 승화시키기 위함이니 너무 얽매이지 말고 자연스럽게 만들어 갔으면 한다. 비록 보기에는 하찮아 보일지라도 꾸준히 하다 보면 근성이 생기고 우리 모두에게 사기를 북돋아주는 일이 될 것이다.

중요한 것은 누구에게 보이기 위함이 아니라 스스로에게 자신감을 불러일으키고 자신에게 약속이행을 했다는 성취감을 주는 일이므로 습관을 들이는 일이 무엇보다 중요하다고 본다.
일단 시작하여 습관으로 만들다 보면 스스로 실행했다는 자부심과 함께 성취감을 줄 것이고 그 작은 성취감이 지속적인 관성을 낳고 그 관성이 변화를 낳을 것이다. 1년 후, 3년 후, 5년 후, 10년 후 이를 지킨 사람의 모습은 판이하게 달라져 있을 것이다.

1 Best 3 운동
I 내가
Basic 기본적으로, Easy 쉽고, Small 작은 것을
Today 오늘 3가지 실천 운동이다

## 스스로의 잣대로 한계를 넘어서자

성공이나 성취감은 남의 잣대를 넘어서는 것이 아니다. 스스로의 싸움에서 이겨내야 하는 것이다. 그래서 자신의 한계를 극복하는 과정과 결과가 성취이자 성공이다.

모든 이에게 똑같은 내용을 가르치고 알려주어도 결과가 다양하게 나타나는 것은 무엇 때문일까?

개인의 성향이나 능력, 주어진 환경 등 무수한 변수가 있음에도 불구하고 각 개인이 일을 대하는 태도가 다르기 때문에 똑같은 시간이 흘렀음에도 불구하고 결과가 다르게 나오는 것이다.

"영업은 나비효과와 복리효과의 누적된 힘이 전체를 좌우하는 것이다."

결국 1%의 자기 변화가 지속된다면 결과는 엄청나게 다르다는 점을 알 수 있을 것이다.

각 지점에서 행하고 있는 "I BEST 3운동"을 보더라도 쉬운 부분부터 시작하는 지점, 사무소, 담당자와 그저 시키니까 하는 경우의 결과는 예측하기 쉽다고 본다. 일단 무슨 일이든 추상적인 계획보다는 오늘 지켜지는 일을 함으로써 스스로에게 "해냈다."라는 자신감을 부여하자.

석학들이 말하는 "성장하는 사람"은 "질문하는 사람"이라는 것을 모두가 강조한다.

내가 맡은 지역에서 지속적으로 성장하려면 어떻게 거래처 관리를 해야 할까?
나에게 주어진 품목을 경쟁사보다 촘촘하게 방어하려면, 즉 시장지배력을 높이려면 품목별 포트폴리오와 투입률을 어떻게 해야 할지, 할 게 많다. 5-Action의 오묘한 영업철학을 이해하는 수준으로 해서는 안 된다. 몸소 자기 것으로 만들어내야 한다.
그래야 그 지역에서 전문가답게 최고가 된다고 본다.

> 진정한 성공은 자신의 한계를 극복하는 과정과 그 결과 속에 있다

## 절박함이 답이다

종영된 지 얼마 되지 않은 미생의 대사 중에 이런 말이 나온다.

"버틸 수 있다면 끝까지 버텨라. 밖은 지옥이다."

우리 개국가의 현실이라고 생각한다. 우리는 지금까지 약국이라는 울타리에서 여러 악조건 아래 잘 버텨 왔다고 생각한다. 하지만 약국의 상황은 치열한 경쟁이 펼쳐지고 있다.

약가인하 이후 각 제약사의 OTC 진입시도가 다반사로 이루어지고 있다. 몇몇 회사는 좌절을 맛보고 시장에서 철수하기도 했지만 여전히 옛날의 영광을 업고서 우리를 압박하고 있다.

우리도 잘한 것처럼 보이지만 1~2월 누계로 목표를 달성한 타사의 추격도 만만치 않아 보인다.

자만해서는 절대 안 된다. 적극적인 마케팅과 광고비 투자로 우리의 주제품을 역매하는 곳을 야금야금 공략해오고 있어 목표달성이라는 승리감에 도취되어 자칫 주제품의 허점을 보여서는 안 된다고 생각한다.

"절박함이 답이다."라는 명제를 잘 살펴봐야 한다.

우리 스스로 절박함을 느끼고 긴장의 끈을 놓지 않아야 한다. 절박함은 일에 대한 관심이다. 무엇을 통해 안정적인 매출을 유지하겠는가를 생각하는 관심이 열정을 불어넣는다. 주제품을 경쟁사에 내주었다고 상상해보면 끔찍하다. 존재가치가 사라진 것이다.

주제품의 투입, 즉 저변건수 관리가 매월 진행되어야 미래를 우리 것으로 만들어 갈 수 있다는 점을 명심하자. 결국 우리 스스로 자기가 맡은 지역에서 시장을 지키고 안정된 매출을 올려야 한다는 절박감을 가지고 품목관리를 진행해야 살아남을 수 있다.

초원에서 매번 사냥에 성공하는 사자가 많지만 굶어 죽는 사자도 많다는 사실은 우리에게 시사하는 바가 크다.

서광원의 〈사자도 굶어 죽는다〉의 발췌내용이다. "초원의 제왕인 사자도 먹이를 구하지 못해 굶어 죽는다고 한다. 그 비율이 먹잇감이 되는 가젤이 굶어 죽는 비율보다 매우 높다는 것이다. 사냥을 위해 기다리고 먹이를 습격하지만 성공 확률이 낮은 것이다. 근육이 발달한 사자는 최고 속도로 400~500m를 뛸 수 있는데 이 거리 안에서 가젤을 잡기가 쉽지 않은 것이다. 마지막 힘든 호흡을 한 번 더 참지 못해 굶어 죽는 것이다. 칠전팔기의 힘을 발휘하는 것이 사자에게도 그리 쉬운 일이 아닌 것이다. 그래서 센 놈이 살아남는 것이 아니라 살아남은 놈이 강한 것이다."

과거의 영광보다 지금 자기 지역에서 살아남아 역매되는 품목이 강한 품목이자 경쟁에서 이긴 품목이다.

우리 주품목은 어떤 위치에 있는가? 밝아오는 새벽의 길목에서 한 번 생각해보며 우리의 현장에 있는 OTC, DTC사업부 모든 이가 잘해줄 거라 믿으면서 아침을 맞는다.

> 영업 현실의 절박함은,
> 언제나 현장을 향한 관심과
> 열정으로 귀결된다

## 전화위복의 지혜

"인생에 좋은 일만 생기지는 않는다. 누구나 실패를 맛본다. 실패를 해도 다시 도전할 수 있는 자기 자신을 믿는 것이 자신을 사랑하는 태도이다."

어디서 읽었던 내용인데 맞는 이야기여서 메모를 보고 다시 한 번 생각을 해본다.

우리는 매일 어려움에 직면하고 있다고 봐도 과언이 아니다. 어려움을 어려움으로만 생각했다면 사람은 그 속에서 전혀 발전이 없었을 것이다. 어려움 속에서도 희망을 보고 노력했기에 인류는 발전을 거듭하고 있다고 보여진다.

결국 자기 스스로의 태도가 모든 것을 결정한다는 점은 우리에게 시사점을 준다.

이번 OTC사업부 토비콤 판매우수자 워크숍이 괌PIC호텔에서 있었는데 태풍 바비의 영향으로 비행기가 결항되어 이틀 뒤에 도착할 만큼 최악의 여행이었다고 한다.

여행지에서 바람이 불고 비가 와서 내내 좋은 시간을 갖지 못하고 심지어 식비, 호텔비까지 추가 부담하면서 하늘을 원망했다면 체류하는 내내 감정만 상했을 텐데 오히려 동료들과 이야기하고 허심탄회한 시간을 가졌다는 건 사업부의 저력이라고 말하고 싶다. 이는 그 동안의 좋은 실적 이면에 바탕이 된 "상하동욕자승"의 결과이자 전화위복의 사례라고 말할 수 있다.

"살아남는 자가 강하다."

매일 영업현장에서의 부딪히는 내용들을 슬기롭게 풀어가려는 지혜로운 사람은 오히려 위기에 더 강하다. 지금 개국가는 위기라는 말이 절로 나올 정도이다. "어렵다. 힘들다."보다는 기본에 충실하게 활동하려는 적극적인 태도가 올바른 대처 방안이라고 생각한다.

> 어떤 불행(不幸)도 행복(幸福)으로 바꿀 수 있다는
> 전화위복의 자세로 현장에 임하라

## ▲ 올바른 과정 관리

영업진도를 리드해 가고 있는가? 아니면 영업진도에 끌려가고 있는가?

진도에 앞서 가는 사람은 어깨가 펴지고 신나게 일을 하지만 진도에 처져서 가는 사람은 매일 매일 힘들게 영업활동을 하고 있을 것이다. 진도가 좀 뒤처져 있는 지점이나 담당자는 조급하게 느껴질 것이다.

바쁘다고 정도(正道)를 벗어나서 일을 진행하면 그 뒷감당은 약 20배 이상으로 늘어나는 게 다반사다. 일례로 우리가 반품 금액을 상쇄할 수 있는 매출이 20배라고 보면 된다.(1백만 원 반품은 2천만 원 이상 매출을 올리아 상쇄된다.)

결국 진도에 맞게 유지될 수 있는 거래처 환경을 만들어가야 한다.

거래처 환경이란 어떠한 어려움에도 매출이 발생할 수 있는 거래처 관리를 의미한다. 그러려면 한두 가지 어려움에도 굴하지 않고 자기가 생각하는 방향으로 기본적인 활동을 반복하면서 거래처와 교감을 이뤄내야 하는 것이다. 그러한 과정을 참아내야 결과가 나온다.

"과정을 바르게 진행하면 결과는 반듯하다."

과정을 만들어 가면서 숱한 어려움을 이겨내는 사람이야말로 성공의 길에 한 걸음 다가서는 사람일 것이다. 진도 과정을 너무도 쉽게 소홀히 하는 사람들이 더러 있다. 과정이 소홀했다 하더라도 결과가 바로 나쁘지 않기에 사람들은 과정을 소홀히 하기 쉽다. 그러나 그 결과가 나쁘게 나왔을 때는 되돌리기 어려운 경우가 허다하다. 그러니 과정을 제대로 진행한다면 결과는 우리의 예측을 벗어나지 않는다.

메르스로 온통 핑계 댈 이유를 찾는데 골몰하는 하수들보다는 "할 수 있다."는 마음가짐으로 목표에 집중하고 과정을 제대로 수행하는 우리는 역시 "진짜 실력"을 갖춘 사람이다.

"사람들이 역경에 처했을 때는 자신을 둘러싼 환경 하나하나가 모두 불리한 것으로 생각된다. 그러나 사실은 그것들이 몸과 마음의 병을 고칠 수 있는 힘과 약이다. 약이 몸에 쓰듯이 역경은 잠시 몸에 괴롭고 마음에 쓰지만 그것을 참고 잘 다스리면 많은 이로움을 얻을 수 있다."

〈채근담〉

여행도 목적지보다는 여정이 더 흥미롭고 중요하듯이 영업목표를 달성하는 과정이 제대로 되어야 온전한 실력을 유지할 수 있다.

올바른 영업이 올바른 성과를 가져온다

## ▎품격 있는 직장생활, 품격 있는 영업활동은 뭘까?

어떻게 직장생활을 하는 게 품격 있는 걸까? 어떻게 영업활동을 해야 품격을 유지하면서 거래처를 리드해 갈까? 자연에서 찾아보면 어떨까 싶다.

나무나 숲을 보면 이해하기가 쉽다. 나무나 숲처럼 살아야 품격 있게 늙어가는 것이라 할 수 있다.

"세상에는 나이가 들면서 점점 더 아름다워지는 것은 나무 밖에 없다. 나무처럼 아름답게 늙고 싶다면 당연히 나무처럼 살아야 할 것이다." 조상호 나남출판 회장의 말이다. 그는 나무처럼 산다는 것이 어떤 의미인지 이야기한다.

"잘나면 잘난 대로 못나면 못난 대로 제자리를 지키면서 삶의 시련과 풍파를 불평 없이 이겨내는 거지. 그걸 내면의 나이테로 만들어 가는 것이고 휘어지고 구부러지고 못난 나무라도 끝까지 살아남아 선산을 지키는 한 가지 미덕을 발휘하는 점을 보아야 한다. 사람도 자연의 일부이기에 저마다 본분에 최선을 다하는 게 중요하다."

나무가 우직하게 자신만의 길을 가는 것은 자신뿐 아니라 타인에게도 배려의 여백이 있어 좋아 보인다. 조직에서도 품격 있게 직장생활을 하려면 자기 할 일을 제대로 해야 할 것이다. 제각각 자기 맡은 지역에서 자기 할 일을 제대로 하는 사람, 즉 기본을 갖춘 사람일 것이다. 너무 멀게만 느껴지는 기본은 가장 가까이 있기에 간과하기 쉽다.

우리는 영업맨이다. 그러기에 스스로의 가치를 높이려면 맡은 지역에서 최고가 되어야 하고 실적에 쫓기는 것이 아니라 리드하는 사람이 되어야한다.

자기 지역은 담당자 하기 나름이다. 담당하는 사람이 거래처로 하여금 우리 제품의 시장 지배력을 높이면 담당자의 가치가 높아지고 그만큼 목표 달성에 대한 여백이 생기게 된다. 그 여백이 그 담당자의 품격을 말해 준다.

자신의 품격은 그냥 만들어지는 것이 아니라 스스로의 노력에 의해 만들어지는 것이다. 이는 담당자나 지점책임자나 사업부나 마찬가지이다.

숱한 영업에 대한 철학도 몸소 자신의 것으로 만들지 못한다면 어떻게 될까? 자신의 것으로 만들지 못하면 항상 쫓기는 영업일 것이다. 건강한 숲이 되려면 숲을 이루는 각각의 나무들이 제 역할을 제대로 해주어야 하는 것처럼 품격 있는 직장생활을 위해선 영업환경을 자신이 원하는 방향으로 만들어야 지속가능할 것이다.

 품격 있는 직장생활, 품격 있는 영업활동을 하기 위해 어떤 것을 준비해야 할지를 생각하면서 하루를 열자.

품격 있는 영업맨의 영업 나이테는 시련과 풍파 속에서 깊어진다

## 목표를 어떻게 설정하느냐의 문제가 결과를 좌우한다

우리가 등산할 때 올라가고 내려오는 사람들이 마주치면서 "정상까지 얼마나 남았느냐."고 물으면 보통 어떻게 대답하는지 모두 알 것이다. "조금만 더 올라가면 된다."는 말이 지배적이다. 그러나 올라가는 입장은 어떤가?

내려오는 사람이 말한 대로라면 정상에 도착할 시간이 지났는데도 한참이나 먼 경우가 다반사다. 정상이 멀리 있으면 힘이 빠지겠지만 얼마 남지 않았다면 힘을 더 내서 빨리 올라가고자 하는 게 사람 심리이다.

여기서 느낄 수 있는 교훈은 막연한 목표보다는 구체적인 목표와 실현가능한 내용으로 접근하는 게 목표를 달성하기에 수월하다는 것이다. 그래서 "꿈은 날짜와 함께 적어 놓으면 목표가 되고 목표를 잘게 나누면 계획이 되고 계획을 하나하나 실천하면 꿈이 이루어진다."고 한다.

하반기에는 어려움이 예상되나 경기침체의 위기일수록 기본에 충실한 사람은 "진짜 실력"이 나타난다. 우리 사업부의 면면을 보면 능히 해내겠다는 자신감과 "진짜 실력"을 갖춘 사람들이 즐비하기에 더욱 희망적이다.

"목표의 목적은 주의를 집중하는 것이다. 인간의 의식은 분명한 목적을 갖기 전에는 목표 달성을 향해 움직이지 않는다. 목표를 설정할 때 마술은 시작되는 것이다. 목표를 설정하는 바로 그 순간, 스위치가 켜지고 물이 흐르기 시작하고 성취하려는 힘이 현실화되는 것이다." 〈윈 데이비스〉

막연한 목표는 불분명한 계획이지만,
구체적인 목표는 실현가능한 꿈이다

## 구성원을 목표에 공감하게 하자

어느 조직에나 무임승차하려는 사람들이 있다. 이들은 큰 수혜자이다. 반면 가장 큰 피해자는 열심히 협력하여 목표를 이루는 사람들이다. 그래서 신상필벌(信賞必罰)이 조직을 유지하는 데 있어서 반드시 필요하며 공정한 평가는 매우 중요하다.

인간은 소규모 공동체 생활에 적응하여 왔기에 지금의 대규모 조직에서도 남들의 시선이나 남들의 평판에 상당히 민감하게 반응하는 편이다. 그래서 지켜보는 눈이 많을수록 참여도가 증가한다고 한다.

하버드대 연구팀이 정전사태를 미연에 방지하기 위한 목적으로 피크타임에 전력사용 제한이라는 협력을 얻어내기 위해 아래와 같은 실험을 하였다고 한다. 캘리포니아 어느 아파트 1,408명을 대상으로 실험을 했는데 하나는 1층 출입구에 게시판을 설치하여 찬성하는 쪽의 간단한 인적사항을 적게 했고, 다른 하나는 비공개로 유선상의 참여 여부를 조사하였는데 공개가 비공개보다 3배 이상 참여율이 높았다고 한다. 또한 자발적인 헌혈 캠페인에서도 동일한 참여율을 보였다고 한다.

우리 영업현장에서도 한두 사람의 힘이 아닌 모두가 한 방향으로 목표에 매진한다면 훨씬 쉽게 목표를 달성할 수 있다고 본다. 그 예로는 품목별 건수를 게시하여 동기부여와 성공사례 발표를 통해 의욕을 고취하는 방법 등 여러 가지가 있다. 특히 사람은 오감(시각, 청각, 후각, 미각, 촉각) 중에서도 시각으로 인지하는 비율이 70% 이상이니 공동의 목표에 일조하는 사람들을 부각시켜 시각화하는 게 중요하다. 그럼으로써 다른 사람들로부터 인정을 받으며 보람을 느끼는, 인간의 보편적 성향이 드러날 수 있는 자연스러운 환경을 만들어 나가는 게 중요하다.

심리학자 리처드 칼슨은 "목표를 생각하는 시간과 실제로 목표를 달성하게 되는 일이 밀접하게 관련되어 있다고 했습니다. 목표를 달성하려면 목표가 시야에서 멀어지지 않게 날마다 그 일을 해야만 합니다."라고 말했다. 따라서 시각화할 수 있는 방법을 찾아 모두의 협력으로 주어진 목표를 달성하는 방법은 사람의 본성에 근거가 있다고 본다.

어떤 TOOL을 통한 방법보다 중요한 것은 구성원 모두가 목표에 공감하고 한 방향으로 가는 것이다. 이렇게 한다면 어떠한 목표라도 능히 해내지 않을까 한다.

조직 구성원 간의 목표 공유는 목표 달성의 바탕이 된다

## 전쟁에서 배우는 전략과 경영 (전쟁의 기술)

"과거의 성공을 답습하지 마라."라는 말이 있다.

유럽 전 지역에서 7년간의 전쟁에 승리하여 근대 강국 독일의 기초를 다진 프리드리히 대제(1712~1788)가 있다. 그의 프로이센군은 과거의 전투 패턴에서 벗어나 갑옷을 벗고 대형을 유지하면서 북을 치며 행군하는 제식훈련과 보병전술의 기동 개념을 도입하여 유럽 최강의 군대를 조직했었다. 그러나 산병전술의 기동력에 기반을 둔 프랑스군과의 전쟁에서 참패를 당했다.

1806년 10월 14일 예나전투에서 나폴레옹(1769~1821)이 이끄는 프랑스와 프로이센이 전투를 벌였는데 처음엔 기강과 훈련이 투철한 프로이센의 군대가 잡다한 시민군에 불과한 프랑스군을 얕봤고 쉽게 승리할 것이라 낙관했지만 나중에 프랑스군은 악마와 같았다고 말할 정도로 대패했다.

지금까지 독일 역사상 최악의 전투로 단 6주 만에 독일 전 지역을 프랑스 나폴레옹의 군대에게 점령당한 사례이다.

"과거의 승리가 최대의 적이다."

여기서 느낄 수 있는 점은,

첫째, 나폴레옹의 프랑스 군대는 겉으로 드러나지는 않았지만 원리를 발전시키고 변화를 도모한 반면 프로이센 군대는 과거에 자신들이 승리했던 방식에 도취되어 답습하였기에 대패했다.

둘째, 눈에 보이는 형식보다 원칙과 원리를 이해하고 준수하면서 융통성 있고 현장감이 살아 있는 창의적인 조직이 승리한다는 점이다.

우리의 영업현장은 어떠한가?
IT환경에서 영업하기에 예전보다 많은 부분이 혁신을 거듭하는 것처럼 보이지만 겉으로 드러나는 면만 봐서는 혁신이 아닐 수 있다. 영업적인 면에서 근본적인 원리를 이해하고 현실적으로 IT환경에 적용하는 것이 무엇이고 어떻게 혁신해야 치열한 경쟁에서 살아남을 수 있을까? 문제의식을 가지고 이러한 질문을 지속해야 한다.

과거의 성공에 우쭐하지 말고 변화하려는 의연한 자세와 행동이 요구되는 시기이다.

"강한 자(者)가 살아남는 게 아니라 살아남는 자가 강한 자(者)

이다."

결국, 과거의 성공에 연연하지 말고 지속적으로 살아남을 수 있는 방법을 꾸준히 고민하고 해결점을 찾는 모두가 되도록 하자. 과거의 성공만을 그리워하는 사람에게 미래의 성공은 오지 않는다.

> 과거의 성공만을 그리워하는 사람에게 미래의 성공은 오지 않는다

## 멋진 상상으로 출발하자

우리가 그간 개최된 올림픽 중 참으로 신선한 성화 점화로 기억하는 게 1992년 스페인 바르셀로나 대회였다고 생각한다. 물론 모두가 정확한 연도는 몰라도 아마 이 이야기를 들으면 기억하는 사람이 있을 것이다. 이제까지 봐왔던 성화주자가 성화대에 불을 붙이는 방법이 아니라 불화살을 쏴서 점화를 시켰던 올림픽이었다. 이를 본 전 세계 시청자들은 "창의적인 도시 바르셀로나"라고 칭찬을 아끼지 않았다. 물론 파블로 피카소 같은 거장이 활동한 무대였고, 1882년에 착공하여 아직도 짓고 있는 가우디 성당만 보더라도 대단한 도시임에는 틀림없다. 그러나 우리나라도 그에 못지않은 창의적인 나라다.

서양의 구텐베르크보다 200년이나 앞선 금속활자, 1448년에 이미 신기전이란 세계 최초의 다연장 방사포를 실전에 사용했고, 누구나 배우기 쉽고 사용하기 편한 창의적인 한글, 해시계, 물시계 등 참으로 멋진 상상력을 요구하는 유산이 많다.

"상상력은 지식보다도 중요하며 지금 누리는 혜택은 언젠가 누군가가 상상했던 것이다."  〈아인슈타인〉

우리가 초등학교 시절에 읽은 만화책에 나오는 것들 대부분이 현실화되었다. 1961년 케네디 대통령은 유인 달 착륙 우주개발 계획을 발표하기 전에 소설 "달나라 여행"에서 소설가가 상상했던 내용대로 개발이 추진됐다고 밝혔다. 상상력은 우리 인류 도약의 원천이라 할 수 있다.

상상력(想像力)은 창의와 창조의 출발이며 필수조건이다. 그만큼 상상력은 "존재하지 않는 것을 존재하도록 만드는 능력"이다. 그런 점에서 누구나 참신한 아이디어를 실현할 수 있는 곳이 바로 우리들의 영업현장이다. 물론 거창한 것을 상상하는 것도 중요하지만 현장에서 소소한 상상력을 발휘해 의도적으로 일을 성사시키는 경우도 허다할 것이다. 그런 소소한 상상력이 모여 위대한 기록(OTC 123~)을 만들어 가는 것이다.

품목 하나하나와 거래처 하나하나를 구성하여 목표를 만들어 가는 과정은 하나의 상상력이 실천을 통해 실현되는 작품이고, 그런 작품을 만들기까지 자기의 상상력을 동원하여 구상하고 실천하는 기쁨은 영업을 해보지 않는 자는 느낄 수 없는 희열이다.

그런 성취감을 위해 주어진 영업현장의 5-Action은 영업의 TOOL이자 상상력의 도구이다. 똑같은 일을 해도 누군가는 차별화해서 감동을 주고 누군가는 밋밋하게 일을 한다.

"이왕이면 다홍치마"라는 말이 있듯이 현장에서 경쟁사보다 다른 무엇을 생각해보고 실천해보고 우리만의 차이를 만들어 가는 게 중요하고 그 지역에서 최고가 되는 지름길이다.

> 영업과 상상력의 응축, "영업 상상력"은
> 경쟁자와의 차별적인 영업을 위한 필수노력이다

## 현실의 안주에서 벗어나야 성장한다

"정신적인 건강은 어느 정도 긴장 속에서 얻어진다. 이미 성취한 것과 앞으로 성취하고자 하는 것 사이의 간격, 지금의 나와 앞으로 되고자 하는 나 사이의 간격이 빚어내는 긴장 속에서 정신은 성장한다. 우리에게 필요한 것은 아무런 긴장 없는 안락한 상태가 아니라, 스스로 선택한 가치 있는 목적을 위해 애쓰고 노력하는 것이다." 〈빅터 프랭클〉

무슨 일이든지 목표에 대해 긴장감을 갖고 열중할 때 가시적인 성과가 나온다. 무엇을 이루었다고 자만하게 되면 그때부터 나락의 길로 접어드는 것을 여러 실패 사례에서 알 수 있듯이 적당한 긴장의 끈을 놓지 않도록 해야 한다. 아마 그것은 절실함이라고도 할 수 있을 것이다. 스스로에게 하지 않으면 안 된다는 의지를 지속적으로 불태우는 사람만이 그 무리에서 앞장서서 이끄는 사람이 되는 게 인지상정일 것이다.

지난 52주년 창립기념일에서 대표님이 말씀하셨던 내용 중에서 "변화와 혁신"이 오늘 이야기하는 맥락일 것이다. 아무리 회사에서 변화와 혁신을 요구한다 하더라도 스스로의 필요성을 못 느끼고 현실에 안주하면 그 사람은 정체될 수밖에 없다.

또 다른 강조사항으로 "주인의식 내재화"는 스스로 문제의식을 가지고 매사에 업무를 진행하며 변화와 혁신을 주도적으로 임하는 사원이 많을 때 회사는 성장할 것이다.

변화와 혁신, 주인의식 내재화는 또 다른 강조사항으로 말씀하셨던 "창의적인 사고"에서 출발할 것이다. 다른 사람과의 차별화, 다른 제약사와의 차별화는 사고의 개념부터 다를 수밖에 없다.

창의적인 사고는 거창한 것이 아니다. 우리의 영업현장에서 좀 더 잘하기 위해 꾸준한 문제의식만 가져도 새로운 발상이 나온다. 그것은 5%, 10%의 변화가 아닌 50% 이상의 성장을 위한 고민, 현실의 안주에서 벗어나려는 노력을 바탕으로 한 영업활동이 이뤄질 때 가능한 일이다.

마지막으로 강조하신 사항으로 "윤리경영"이다. 현장의 조그만 실수가 회사 전체를 어려움에 빠뜨리는 경우가 허다하다. 그러한 일이 생기지 않도록 매사에 기본 원칙에 입각하여 활동해야 할 것이다.

사업부의 사명은 목표달성이다. 목표에 대한 의미를 스스로 부여해야 자신감이 생기고 하루 일과가 재미있고 즐겁게 상대를 대할 수 있다. 그런 적당한 긴장감으로 스스로 성장 촉진을 진행하는 사람은 시간이 흐를수록 역량이 커져 무거운 책임을 감내할 수 있을 것이다.

스스로에게 물어보자. 적당한 긴장감을 통해 성장을 꾀하는지? 어제의 나와 자신을 비교하는 사람은 스스로 성장을 유도하는 사람이다.

> 스스로에게 채찍을 가하는 엄격한 사람만이
> 스스로의 성장을 유도하는 영업맨이 된다

## 작은 일을 소중하게 생각하는 사람이 성공한다

"작은 일을 소중하게 생각하는 사람만이 성공할 수 있다. 성공한 사람은 작은 일이 쌓이고 쌓여서 큰일이 되는 체험을 해온 사람들이다. 또한 인생에서 작은 일에 엄청난 노력을 기울여온 사람이기도 하다.
큰일을 끊임없이 해낼 수 있는 것은 누군가가 작은 일을 성실하게 해주고 있다는 사실을 알고 끝없이 고마워하기 때문이 아닐까요?"

〈빌 클린턴 미국 전 대통령〉

영업현장에서 사소한 부주의로 인해 전체 일을 그르치는 경우가 의외로 많다.

입사 초년시절의 일이다. 그때 은평구를 담당하고 있을 때 약사회 전체 공동구매라는 것을 진행하여 약 200개 이상의 거래처에서 쌍화탕을 공동구매하던 때다. 거래처가 많아 월말에 몰리면 큰일이라 수금하는 곳을 분산시켜 운영하는데도 불구하고 25일부터는 항상 바쁘게 돌아간다.

차가 귀한 시절에 나는 25일부터 4~5일간 사장님 차를 지원받아 수금을 하곤 했다. 그 때는 차가 귀해서 약국에서도 자가용이 있는 약사님이 그리 흔하지 않았다. 사장님 차가 로열살롱이었는데 거래처에 차를 대기만 하면 사전에 약속했기에 얼른 수금을 해주어서 하루에 약 40곳 정도를 수금했던 것으로 기억한다.

 지금도 그러한 곳이 있겠지만 사전에 장부 정리와 함께 거래장을 맡겨 두는 곳이 더러 있었다. 그래서 거래처 앞에 차를 세우고 기사가 대기하는 동안 약국으로 뛰어들어가 수금을 빨리 받아와야 하루에 40여 건을 수금할 수 있었기에 맡겨 놓은 거래장에 돈이나 수표를 넣어서 주는 곳이 많았다. 그러니 빨리 다른 거래처로 가야 한다는 생각에 수금내용을 확인도 하지 않고 가방에 넣어 사무실에 복귀하면 주변의 선후배가 현금을 세고 함께 수금표와 수금액을 경리에게 입금하고 퇴근하곤 했는데 그날따라 P라는 거래처의 거래장에 수금액이 없는 것이었다.
 나 스스로는 그 거래처와 유대관계도 있고 매사에 완벽한 분이었기에 전화로 자초지종을 설명하면 일이 순조롭게 풀릴 거라 생각해서 전화를 드렸는데, "나를 뭘로 보고~"라며 일언지하에 전화를 끊어버리는 것이 아닌가? 정말 어처구니가 없었지만 문제는 그 다음이었다. 그 거래처 약사님은 약사회에서 상당한 영향력을 행사하는 분이었다. 그 당시의 약사회는 파워가 막강했다. 그 뒤로 그 약사님은 아는 체도 안 하고 수금도 안 해주고 주문도 끊었다. 그 당시 월급이 38만 원으로 기억되는데 30만 원의 수금액은 상당한 금액이었다. 수금한 돈도 공중분해 되었고 거래도 끊어졌으니 정말 미치고 환장할 노릇이었다. 그래도 여러 번 찾아가 사과를 드렸지만 관계를 복원하기는 어려웠다. 나중에는 집에까지 방문하여 관계를 회복했다. 물론 사과하러 갈 때 그 당시 유행한 양주(패스포드)를 사 가지고 갔다. 한 달 월급이 몽땅 나가는 손해를 본 사건이다. 사실 P약국의 약사님은 실수할 분이 아니었다고 본다. 내가 수금시에 확인만 했어도 문제가 생기지 않았을 터인데 사소한 부주의가 낳은 사건이다. 사소한 실수가 전체를 망쳤던 사례로 상당히 시사하는 바가 크다.

현장에서는 사소한 부분까지도 세밀히 진행할 필요가 있다. 그리고 기본(5-Action)을 철저히 자기의 것으로 만들어 간다면 어떠한 어려움도 능히 이겨내리라 생각한다.

> 작은 일을 중시하지 않으면
> 큰 일도 중시하지 않게 된다

## ▌영업활동은 창의적인 행위이다

"창의적인 사람들은 서로 다르긴 하지만 한 가지 점에서 일치한다. 그것은 자신이 하는 일을 사랑한다는 사실이다. 그들을 움직이는 것은 명예나 돈이 아니다. 좋아하는 일을 할 따름이다." 〈미하이 칙센트미하이〉

우리가 영업활동하는 것은 상당히 창의적인 활동이다. 매월 주어지는 목표를 달성하기 위해 월초에 계획을 세우고 일일 활동을 통해 하나하나 완성해 나가는 과정은 물론 평이하게 보일지 몰라도 많은 변수가 있는 것이 사실이다. 영업을 주도하는 사람에 따라 개인차가 있을 수도 있고 거래처가 각양각색이기에 계획대로 수행해 나가기가 쉽지 않다. 그래서 목표를 달성하는 과정은 상당히 창의적인 활동임에 틀림이 없다. 다른 말로 "영업에는 왕도가 없다."는 얘기를 많이 한다.

그렇지만 우리는 기본이라는 부분을 가장 강조한다. 그리고 모두들 잘되지 않을 때에는 "Back to Basic"을 외쳐대는 이유를 잘 알아야 한다. 기본이 제대로 이루어지지 않으면 오래가지 못한다는 것이다.

기본 원칙을 제대로 지키지 않아 스포츠 경기나 전쟁에서 패배

했다는 사례에서 많은 것을 배울 수 있다고 본다.

　나폴레옹이 패한 워털루 전투의 이야기이다. 1815년 당시 연합군(영국군, 프로이센의 연합)에 패한 나폴레옹의 패인을 살펴보면 측면에서 매복하고 있던 기병대대가 공격신호에 제대로 반응하지 못하고 지연 출발한 데서 기인했다는 이야기이다.
　그 대대의 지연은 소속 중대의 지연에서 비롯된 것이었고 그 중대의 지연 원인은 소대에 있었다고 한다. 소대에서 그 원인을 분석해보니 그날 기병부대의 출발을 알리는 시기에 전날 해놓았어야 할 발굽 수리와 말안장의 발걸이를 고치는 중이어서 대대의 공격시기를 늦췄던 것이다. 나폴레옹 시대는 이런 사소한 문제로 워털루 전투에서 패배해 막을 내렸다고 한다. 이처럼 전쟁의 기록을 통해서도 기본의 중요성을 확인할 수 있다.

　무수한 변수를 통해 얻어지는 영업활동은 분명히 창의적인 활동임에 틀림이 없지만 기본을 바탕으로 한 활동이라야 오래갈 수 있다. 그래서 지금 하고 있는 일, 지금 만나고 있는 사람, 그리고 지금 추구하는 이상에 충실한 사람이 성공한다고 한다. 결국 지금 하고 있는 일에 대해 기본기를 충분히 다지고 매사에 열중하다 보면 성취감을 맛볼 수 있는 것이다.

Back to Basic! 창의적인 영업활동은 기본을 지키는 영업에서부터 시작된다

## 호모사피엔스의 진화와 영업활동의 비교

우리 인간의 조상이라 일컫는 호모사피엔스(homo sapiens)의 진화여정을 보면 흥미로운 점을 발견할 수 있다.

20만 년 전이나 15만 년 전의 호모사피엔스는 여러 호모종과 다르게 뇌, 특히 전두엽을 발달시켜 왔다.

그 당시 생존을 위해서는 팔의 근육이나 다리의 근육을 키워서 맹수와 싸워 이겨야 했을 텐데 비실용적인 뇌를 발달시켰다고 한다. 즉, 전두엽의 발달은 후에 상상력을 발휘하였으며 그들은 무리들과 정보교환을 통해 소통의 범위를 확대하고 낯선 사람과 협력할 수 있는 문화를 형성시켰다. 당시엔 대략 100명 정도가 한 집단을 형성하였다고 한다. 이 100명이라는 단위는 소통하면서 응집력을 나타내 큰 힘을 발휘하는 기본단위라고 한다. 그래서 우리 군대의 지휘관이 지휘하는 단위가 중대이고 인원은 대략 100명쯤 되고 우리 사업부들도 대략 100명 선이다.

초원에서 보면 사자보다 하이에나가 더 무섭게 보인다. 왜냐하면 하이에나는 떼를 지어 다니기 때문이다. 즉, 호모사피엔스종이 의사소통이 가능한 집단, 100명 단위로 몰려다니니까 가장 강력한 힘을 발휘할 수 있게 됐다. 1만 년 전 엄청 덩치가 큰 매머드종의 멸종도 인간이 만든 작품이다.

기원전 1000년이 농업혁명이 일어나는 시기인데, 농업이라는 게 대규모 경작지가 필요하고 일하는 사람이 필요하게 되어 있어 공동체의 힘으로 농업에 종사하다가 아마 주변의 집단을 힘으로 제압해 영토를 넓히고 주변 사람을 데려다 일을 시키는 노예제도가 생겨났을 것이다. 그런 공동체가 차츰 커지면서 국가를 이뤄서 전쟁은 피할 수 없는 역사였으며, 다른 동물과 다르게 전두엽의 발달로 엄청난 발전을 거듭하며 오늘날에 이르렀다고 볼 수 있다.

호모사피엔스가 살아남기 위해 팔과 다리가 아닌 전두엽을 진화시켰기에 지구의 태동 때부터 만물의 영장으로 거듭날 수 있었던 것이라고 인류학자들은 이야기한다.

영업현장의 치열한 경쟁에서 살아남기 위한 방법으로 원칙을 무시하고 그때 그때 스킬만을 가지고 임한다면 어떻게 될까? 지금도 몇몇 동료들을 보면 자기 스스로의 이익만을 위해 제품, 거래처, 사업부를 내팽개치고 자기 매출을 올리기에 급급한 면을 볼 수 있다.

자기 위치에서 어떻게 하는 게 올바른 방향일까? 순간을 모면하려는 스킬보다는 좀 더 크게 보고 자기 위치에서 영업철학(ACTION)과 행동원칙(5-Action)을 잘 이해하고 임해서 모두 자기 것으로 만들었으면 한다.

> 원칙을 무시하는 즉흥적인 영업 스킬로는
> 영업현장에서 살아남을 수 없다

## ▌지금 어떻게 해야 하는지?

　2015년 숨 가쁘게 매월 주어진 목표를 잘 수행해 왔다고 본다. 지금 어떻게 임해야 하는지를 우리는 알고 있다. 12월은 마무리이자 새로운 준비의 시작이다. 그래서 다른 때보다 시간이 빨리 흘러가는 듯하다. 사업부에게도 여러 가지 준비할 게 많고, 개인적으로도 송년회 모임 등 상당히 바쁜 나날이다. 결국 바쁜 일정 속에서도 제 역할을 어떻게 잘할 수 있는지는 이번 주의 마감 진도에 달려 있다. 결국 일은 그 분야에서 전문가 소리를 들을 정도가 되어야 성공한다. 영업부분에서 이 시점에 가장 중요한 것이 바로 진도마감이라는 것을 모두가 인지하고 있을 것이다.

　세계적으로 널리 알려져 있는 자동차왕 "헨리 포드"와 당시 전기 분야의 전문가였던 "스타인 맥스"의 일화이다. 스타인 맥스는 미시건 주에 있는 헨리포드의 첫 번째 공장에 큰 발전기를 설치했는데, 어느 날 발전기가 고장이 나서 공장 전체의 가동을 중단한 채 수많은 수리공과 전기공을 불러 해결하고자 했으나 고칠 수가 없었다. 결국 포드는 스타인 맥스를 불러 수리를 맡겼다, 스타인 맥스가 도착해 발전기를 여기저기 살피며 몇 군데를 두드렸더니 발전기가 돌아가고 공장이 재가동되었다. 며칠 뒤에 포드는 스타인 맥스로부터 그 당시 거금인 "1만 달러" 청구서를 받게 되었다. 포드는 대충 몇 군데를 두드린 것 치고는 너무 비싸다고 생각하여 청구서에 이런 메모를 붙여서 돌려보냈다.

"이 청구서의 금액은 당신이 몇 시간 모터를 두드리면서 고친 것에 비해 너무 비싼 것이 아닙니까?" 여기에 대한 스타인 맥스의 답장은 이러했다.

"모터를 두드리며 일한 임금은 10달러이고, 어디를 두드려야 할지를 알아낸 것이 9,990달러, 합계 1만 달러입니다."라고 했다. 이 답장을 받은 포드는 흔쾌히 수락하고 1만 달러를 지불했다고 한다.

여기서 시사하는 바는 "가장 중요한 것은 어떤 일을 하느냐가 아니라 그 일을 어떻게 해야 하는지를 아는 것이다."

우리의 영업활동 중에서 12월이 갖는 의미는 상당히 크다. 연 마감으로 1년 중 가장 의미 있는 달이다. 그리고 내년 2016년을 준비하는 달이고 우리가 담당하는 약국도 한 해를 마무리하는 차원에서 과표부분을 챙기는 12월이다. 결국 12월은 기존의 달보다 진도관리를 제대로 해야 실패하지 않는다. 월말로 미루어질수록 우리의 거래처들은 신년에 매입하고자 하는 심리가 작용하기에 빨리 마무리하지 않으면 어렵게 된다. 우리는 영업 전문가이다.

어떻게 해야 하는가? 이번 주 진도관리가 중요한 이유이다. 반드시 "해낸다."는 각오로 오늘 하루 화이팅해서 진도 목표를 달성토록 하자!

> 가장 중요한 것은 어떤 일을 하느냐가 아니라
> 그 일을 "지금" 어떻게 해야 하는지를 아는 것이다

## 2015년 유종의 미를 거두자

이제 정말로 마지막 주이다. 더 이상 물러날 곳이 없다. 이번 주까지 약속한 내용을 마무리하고, 또 새롭게 2016년을 시작해야 한다. 사업부의 책임은 주어진 목표달성이 최우선이다. 그 주어진 목표를 달성해야 존재의 의미와 가치를 지닌다고 볼 수 있다.

"행복"에 대해 지난번에 아리스토텔레스가 정의한 "우리가 지금 해야 할 일을 아주 잘하는 상태"라고 말했던 기억이 난다. 또 하나의 사례를 소개하자면, 미국 UC버클리내 경영대학원의 심리학자인 카메론 앤더슨은 "로또에 당첨된 사람들은 처음에는 행복하지만 곧이어 이들의 행복은 당첨 이전의 수준으로 되돌아온다."라고 말했다.

결국 존경과 인정을 받는 것이 교육수준이나 재산 같은 사회경제적 지위보다 행복에 더욱 큰 영향을 미친다는 것이다.

카메론 앤더슨의 행복기준은 이렇다고 한다.
첫째, 동료들에게 얼마나 존경과 인정을 받고 있는가?
둘째, 스스로 그럴만한 사람이라고 생각하는가?
셋째, 집단 내에서 어느 정도 리더십을 발휘하고 있는가?

사회 측정 지위가 사회 경제적 지위보다 행복에 결정적인 영향을 미친다고 하니 생각해 볼 일이다.

우리 스스로 측정하는 지위는 목표달성일 것이다. 성취감과 인정, 그것도 한 해를 마무리하는 즈음에 목표달성은 더더욱 중요할 것이다. 정말 중요한 것은 눈에 보이는 것보다 눈에 보이지 않는 것이라고 한다. 보이지 않는 열정 하나하나가 모여 목표달성이라는 고귀한 열매를 맺는 것이고, 그 열매는 다음을 기약할 때 또 하나의 열정으로 잉태하여 자기를 리드할 것이다.

영업맨의 행복과 책임은 목표달성에 있다

## 우리는 계획한 대로 만들어낸다

숫자에 끌려가지 말고 숫자를 이끌어가야 재미있는 직장생활을 할 수 있다. 이게 선순환 영업 사이클이다. 선순환으로 가지 못하고 발목을 잡는 고리를 끊지 못하면 항상 힘들다. 어차피 월말이면 전체 계수는 비슷한데도 그 고리를 끊지 못해 힘들어 하는 이유는 무엇일까? 스스로가 자신의 마인드를 어디에 한정하고 임하느냐의 차이이다.

우리는 자기가 할 수 있는 것과 없는 것을 빨리 단정하는 버릇이 있다. 못할 것이라고 결정해버리면 결코 새롭게 도전하거나 더 높은 목표에 이를 수 없다. 그래서 현재의 능력에서는 할 수 없어도 "나는 반드시 언제까지 할 수 있다."라고 강한 자신감과 신념이 있어야 새로운 일을 할 수 있는 것이다. 인간에게는 현재 가지고 있는 능력 + 잠재능력이라는 것이 있어 스스로에게 강한 긍정의 신호를 보내면 잠재된 능력이 살아난다는 것을 여러 사례에서도 알 수 있다. 따라서 "할 수 있다."라는 강한 자신감으로 구체적으로 준비하여 임해야 계획대로 달성할 수 있는 것이다.

독일 콘스탄츠대학교 심리학과 션 메크레이 교수 팀은 학생들에게 3주 내 실행할 여러 과제들을 내주었다. 과제는 은행 계좌 개설하기, 일기 쓰기 등 평범한 내용들이었다. 단, 과제 내용은 같았지만 지시 사항은 달랐다. 학생 절반에게는 은행 계좌를 여는 것에 대해 쓰라는 등 "추상적인" 과제를 줬다. 나머지 학생들에게는 은행 계좌를 열려면 구체적으로 얼마가 필요한지, 은행 창구직원에게 가서는 뭘 말해야 하는지 등 "구체적인" 계획을 제출하도록 시켰다. 그리고 연구진은 학생들의 은행 계좌 개설 날짜를 기다렸다. 결과는 추상적인 생각부터 하고 계획을 짠 학생들은 은행 계좌를 여는 날짜가 한정 없이 늘어졌다. 반면 구체적인 실행 계획을 짠 학생들은 훨씬 빠르게 작업 완료를 보고했다.

　메크레이 교수는 이 결과에 대해 "미루는 사람들의 특징은 멀고, 이뤄내기 힘든 일을 추상적으로 계획하는 경향이 있다."며 "막연히 계획하면 막연히 미루게 된다."고 말했다. 그는 "기한을 정하고 구체적인 실행 계획을 짤 때 일은 빠르게 달성된다."며, "경영자라면 직원들이 이처럼 아주 구체적인 실행 계획을 짜도록 함으로써 작업이 지연되는 문제를 줄일 수 있을 것"이라고 말했다.

　이왕 일을 하려면 "할 수 있다."라는 강한 자신감을 가지고 주어진 계획을 구체적으로 준비해야 한다. 이런 사람만이 목표를 달성할 수 있는 것이다. 이번 이벤트에 참여하고 달성한 사람들에게 꿀맛 같은 "행복한 상상휴"가 주어지고 또한 특별 경영성과도 받으며 또 다른 상상휴를 꿈꿀 것이다. 부족했던 사람이라도 절망하지 말고 선순환 사이클이 되도록 일일 진도관리에 최선을 다해야 한다. 이미 달성했더라도 잘될 때 더 잘 이끌어가려는 근성 있는 영업사원만이 지속적인 선순환의 사이클을 거머쥘 것이다. 그 선순환의 사이클을 만들려면 구체적인 월간, 주간, 방문 시마다 구체적인 계획과 Image Training이 필요하다고 본다.

> 할 수 있다는 자신감과 구체적인 계획으로 무장한,
> 리드하는 영업맨이 되자

## 회사는 어떤 곳이 되어야 할까?

회사는 원래 뜻을 같이하는 사람들이 모여서 즐겁게 일하는 곳이다. 이렇게 만드는 회사는 없을까? 창업 당시부터 그렇게 했던 곳도 있고 서로 다른 이들이 만나서 함께 공유하며 그렇게 만들어 가는 경우도 있을 것이다. 중요한 것은 공감대다.

어떠한 어려운 일이라도 서로가 이해하고 한 방향으로 몰입한다면 가능한 일일 것인데 급여를 받기 위해 할 수 없이 일한다고 가정한다면 위의 이야기대로 재미는 포기하고 다녀야 할 것이다. 재미를 포기한다면 그 직업을 오래 가질 수도 없을 것이다. 따라서 스스로 행복한 직장, 즐거움을 함께하는 직장으로 바꾸지 않으면 안 된다.

특히 사업부서는 실적에 얽매여 있다 보니 어려운 것이 현실이지만 똑같이 임하더라도 지점마다 차이가 있는 것은 무엇으로 설명하겠는가? 지점마다 문화의 차이 또는 지점마다 일하는 거래처 환경을 얼마나 우호적으로 만드느냐의 차이이다. 그 거래처 환경이란 누가 만들어주는 것이 아니라 당사자가 좋은 방향으로 만들어내라는 이유로 여러분들을 채용해서 일을 하게끔 하는 것이다. 그래서 자기의 거래 환경을 자기 지배력이 높은 단계로 바꾸지 않으면 상당히 어렵게 진행될 수밖에 없는 것이다.

지점의 문화를 바람직한 방향으로 끌어가는 노력은 한 사람이 아니라 구성원 모두가 한 방향으로 공감대를 형성하고 만들어가야 자기 것이 되고 또한 재미를 느끼는 거래처 환경이 마련되는 것이다.

이번 주에도 각 현장마다 쉽지는 않을 것이지만 우리의 "할 수 있다."라는 의지로 좀 더 나은 환경을 위한 노력을 경주해나간다면 먼 미래는 더욱 재미가 더해지는 곳이 될 수 있다고 본다.

지금의 한국사회는 저성장의 기조에 오래 머물러 있을 가능성이 있어 자기가 맡은 구역에 대한 자기 지배력을 높이지 않으면 그 기조에 편승하여 어려움이 지속될 가능성이 농후하다. 5-Action 원칙 아래 거래율, 가동률, 제품투입률, 제품회전율 등을 조금이라도 개선하려는 의지를 갖고 모두가 한 방향으로 나길 때 웃음과 재미를 더하는 공간이 될 것이다. 그 공간의 여유로움을 만들어가자!

> 영업맨이 있을 곳은 몰입가능한 영업환경, 행복한 직장, 즐거운 사업부이다

| A | Attitude (태도) |
| C | C-Cycle (완성) Challenge, Change, Choice, Chance (도전, 변화, 선택, 기회) |
| T | Try (실행) |
| I | Innovation (혁신) |
| O | Open mind (열린 마음) |
| N | Never ever give up (절대 포기하지 마라) |

# ACTION
# OPEN MIND

영업 철학 : 열린 마음

# 영업 철학 (ACTION) : O : Open mind

**❺ O : Open mind (열린 마음)**

"성공이란 세월이 흐를수록 가족과 주변 사람들이 나를 점점 더 좋아하게 되는 것이다."  〈짐 콜린스〉

"세상에서 가장 현명한 사람은 모든 사람으로부터 배울 수 있는 사람이고, 남을 칭찬하는 사람이고, 감정을 조절할 수 있는 사람이다." 〈탈무드〉

"세상은 거울이다. 거울은 내가 하는 대로 한다. 세상도 마찬가지다. 내가 웃으면 거울도 웃고, 내가 칭찬을 하면 거울도 칭찬을 한다. 내가 세상을 도우면 세상도 나를 도와준다. 반대로 내가 다른 사람을 비난하면 세상도, 다른 사람도 나를 비난한다."  〈민계식 전 현대중공업 회장〉

편협한 사고의 소유자보다 열린 마음과 수평적 사고의 소유자가 영업사원으로 성공하는 사례가 많다. 영업현장에서 좋은 사례를 접하면서 배우려는 자세가 안 되어 있는 사람은 이를 무심코 지나치지만 열린 마음의 소유자는 좋은 내용을 자신의 것으로 만들려고 한다. 어떤 담당자가 나은 영업사원일까?

분명 후자일 것이다. 본부에서 지휘하다 보면, 상위 영업사원들은 매사가 긍정적이며 열린 마음의 소유자이다. 상대를 배려하고 상대와 같이 가려는 태도, 거래처와 더불어 나아가려는 태도가 열린 마음이다. 즉, 우리의 주 고객인 약국이 진정으로 잘되기를 희망하면서 영업현장을 찬찬히 들여다보면서 틈새를 연구하는 사람일 것이다.

현장은 늘 변한다. 항상 우리가 우위에 있을 수는 없다. 그러기에 우리의 주 고객인 약국이 잘되는 방법이 무엇인지 파악하면서 시장을 먼저 예단하지 말고 타이밍에 대비하는 열린 마음이 필요하다. 진도에 쫓기지 말고 진도를 리드하면서 열린 마음으로 시장을 선도해 가야 한다. 그런 안목이 생기도록 우리의 역량을 기우는 Open mind가 필요하다고 본다.

---

**point**

열린 마음으로 다가서면 현장도 열리지만,
닫힌 마음으로 다가가면 현장도 닫힌다

## 과거의 성공보다는 현재가 중요하다

"'평범'은 삶으로 시간을 흘려보내는 게 아니라 시간으로 삶을 흘려보내는 것, 죽을 힘을 다해 일하는 게 아니라 그냥 시간을 죽이는 것이다. 내일의 성공을 가로막는 가장 큰 적은 오늘의 성공이다. 노벨상을 받고 나서 세상에 큰 영향을 끼친 사람은 아무도 없다."

〈경영전문가 피터 드러커〉

과거의 성취가 아무리 커도 미래의 가능성에 비견하기는 어려울 것이다. 과거의 잘된 내용에 심취하여 지금 제대로 하지 못하면 미래는 기대하기 어려울 것이다. 그렇다면 이구동성으로 지금 어렵다는 말을 하는데 어떻게 해야 할까?

과거의 성취는 우리의 자신감이고 그 자신감을 바탕으로 더 자존감을 높이려면 현재의 어려움을 이겨내야 한다. 어려움 속에서 해내는 것이야말로 진정한 실력이라고 본다. 어렵더라도 할 수 있다는 생각이 더 앞설 때 지혜와 방법이 생기기 마련이다. 그래서 긍정의 힘으로 "할 수 있다."라고 생각하고 시작하는 것이 좋다.

다시 한번 호흡을 가다듬고 자신에게 최면을 걸어 오늘 잘되는 상황을 머릿속에 그려보고 까짓것 씨익 웃고, 일단 시작해보자.

다 잘될 것이다. 과거의 성공에 매달릴수록 내일의 성공 가능성은 낮아진다.

> 과거의 성공에 매달릴수록
> 내일의 성공 가능성은 낮아진다

## 나의 상상휴

자기 가족과 떨어져 보면 가족의 소중함을 느끼고 자기 나라를 떠나면 조국의 소중함을 느낀다고 한다. 그만큼 개개인은 좁은 공간에 갇혀 살아간다는 것을 표현하는 말이기도 하다. 자기가 살아온 곳이 전부인 것처럼 느껴진 것도, 자신만 고생하고 있다고 느껴진 것도, 다른 세상에서 보면 편협했다는 것을 실감한다. 그래서 여행은 몸만 즐거운 것이 아니라 생각 자체를 바꿔주기에 소중한 것이다.

새로운 것에 대한 막연한 기대와 미지의 세계에 대한 설렘이 여행의 참맛일 것이다.

사람이 살아가면서 좀 더 윤택한 삶을 누리기 위한 방법은 하나는 누구를 사랑하는 것이요, 또 하나는 여행과 독서하는 것이라고 한다. 좀 더 쉽게 얘기하면 사랑하는 사람과 여행을 자주하는 것이 행복하고 윤택한 삶이라고 할 수 있다.

"세계는 한 권의 책이다. 여행하지 않는 사람은 단지 그 책의 한 페이지만을 읽을 뿐이다."라는 성 아우구스티누스의 말처럼 세계를 안다는 것은 실로 경이적이라고 표현하고 싶다.

"여행은 내 눈으로 직접 보고 스스로 느끼고 생각한 것으로 자기 자신을 채워가기 때문에 독서보다 몇 갑절 삶을 충만하게 한다."는 법정스님의 말씀 또한 여행의 중요성을 강조하고 있다.

이렇듯 여행이란 권태로운 일상에서 벗어나는 즐거움과 동시에 생각을 바꿔준다는 의미에서 값진 경험이라고 생각한다.
늘 보던 것에서 다름을 느낄 수 있는 것 또한 여행의 참맛이다. 꼭 여행만이 아니더라도 남다른 시각을 갖는 것은 중요할 것이다.

상상휴가 내게 주는 의미는 무엇일까? 여행은 목적지가 아닌 과정이 중요하다는 것이다. 살아가면서 무수한 상상휴를 하나하나 자기의 것으로 만들어 가며 그 과정 속에서 설렘을 유지하는 것은 의미있는 일일 것이다. 이 멋진 상상휴 또한 내게 주어진 일(직업)의 바탕 위에 세워진 반석일 것이다.

일이 안정되도록, 즉 매출흐름이 견고하게 유지되도록 하기 위해서는 주어진 업무의 기본을 철저히 지키면서 변화의 트렌드를 읽는 지혜가 필요할 것이다.

상상휴는 머리로 그리고 몸으로 만들고 눈으로 경험하고
새로운 시각으로 또 다른 상상휴를 꿈꾸는 것이다

## 소통의 힘

우리가 살아가는 데 있어 소통은 매우 중요하다. 다양한 사람들의 의견을 공유하고 수용하면서 내가 원하는 메시지를 타인에게 전달되도록 하는 소통은 조직 활성화에 아주 중요한 덕목이다.

한 연구결과에 따르면 조직문제의 60%가 소통의 부재에 따른 것이라 말한다. 또한 우리는 직장에서 회의, 면담, 보고, 스마트폰의 밴드 등을 통해 많은 시간을 소통하는 데 쏟지만 정작 제대로 된 소통이 이루어지지 않고 있다고 한다.

그렇다면 어떻게 해야 소통을 잘하는 것일까? 우선 상대의 말을 잘 들어주어야 한다. 일명 "경청"이다. 이 경청이라는 던이는 고 이병철 회장이 이건희 회장에게 남긴 유언적인 단어이기도 하다.

그냥 들어주는 것조차 실천이 어렵다. 사람들은 남이 말을 하기 전에 자신의 얘기를 먼저 하려는 경향이 강하고, 또 누가 말하고 있을 때 자신이 어떤 대답을 할 것인지, 또는 동의할 것인지, 아니면 어떤 근거로 반대를 할 것인지를 생각하는 경향이 강하기 때문에 원활한 소통이 안 되고 있다. 중요한 것은 상대방을 진심으로 이해하려는 마음이다. 우리가 얘기하다 보면 상대가 건성으로 듣는지 경청하는지 쉽사리 알 수 있다. 대화 중에는 상대의 눈을 보면서 고개를 끄덕이고 맞장구를 쳐주는 게 중요하다. 그렇게 하다 보면 둘 사이에 교감이 형성되고 관계 지속의 힘이 생기지만 만약 상대의 말에 귀 기울이지 않으면 그 관계는 점점 멀어진다.

상대의 얘기를 경청하는 자세를 만들기 위해서는 상대방이 알아들을 수 있는 용어를 선택하여 사용하는 것이 상대 배려차원에서 반드시 지켜야 할 예의다. 영업활동에 있어서도 거래처와의 소통이 아주 중요하다. 소통은 꼭 말로만 하는 것이 아니라 눈짓, 제스처, 목소리톤, 호응 등 무수히 많은 수단이 동원된다. 그러니 방문목적을 분명히 정하고 적절한 때에 방문동기를 표현할 줄 알아야 프로다운 커뮤니케이션 스킬을 발휘한다고 할 수 있을 것이다.

사람은 사회적 동물이라는 철학자의 말이 있듯이 서로의 관계가 얽히고설켜 세상을 만들어 간다. 점이 선이 되고, 선이 면이 되고, 면이 모여 자신의 안전지대를 만들어간다. 주어진 거래처를 자기의 면으로 차곡차곡 쌓으면 부러울 것 없는 인간관계가 형성되는 것이다.

진정한 소통은 상대방을 이해하려는 마음에서 시작된다

## 팀워크는 결과가 아니라 과정이 결정한다

평범한 사람들이 비범한 결과를 만드는 경우는 팀워크를 이루었을 때다. 사업부가 목표달성을 하기 위해서는 각자 자기 몫을 해줘야 한다. 어떤 이는 모두가 기대하는 대로 성과를 내는 반면에 기대에 못 미치는 사람도 더러 있지만 사업부라는 조직 차원에서 보면 함께 이룬 성과라는 측면에서 시사하는 바가 크다.

자기 몫에는 조금 부족하지만 전체를 위해 최선을 다하는 모습은 모두에게 긍정의 신호를 보내주어 전체를 좋은 방향으로 이끈다. 그래서 "우리는 나보다 힘이 세다."고 한다.

직장생활을 하면서 빼놓을 수 없는 즐거움 중의 하나는 능력이 조금 부족하더라도 노력하여 성과를 만들어내는 것, 즉 평범한 사람들이 힘을 합해 비범한 결과(사업부 목표달성)를 만들어내는 것이다. 이를 가능케 만드는 것이 다름 아닌 팀워크이다.

조직력을 강화하기 위해서는 자기가 아닌 팀에 초점을 맞추고 주변인들과 함께 하려는 노력이 따라야 한다.

앤드류 카네기는 "팀워크는 공통된 비전을 향해 함께 하는 능력이다. 조직의 목표를 향해 개인이 성과를 내도록 지휘하는 능력이다. 평범한 사람들이 비범한 결과를 이루도록 만들어내는 에너지원이다."이라고 말했다.

다른 사람들의 성과에 편승하지 않고 자신이 주도하겠다는 자세로 임해야 한다. 전체의 방향에 자신이 부응하고 있는지 살펴보고 따라가기보다 앞서가려는 사람이 많은 조직은 성취사례도 많고 에너지가 넘쳐난다.

매년 말 성과를 등급으로 매겨 성과급을 지급하는 KPI의 지표 역시 팀워크의 표본이라고 생각한다. KPI는 일순간에 만들어지는 것이 아니다. 매달 과정관리를 제대로 해야 연말에 결과를 만들어 낼 수 있는 것이다. 한두 달에 만들어지지 않는나는 애기를 강조하는 것이다.

전체 목표를 달성하기 위해서는 매월 주어진 목표를 달성해야 하고 매월의 목표를 쉽게 달성하기 위해서는 주간진도 목표를 달성해가야 한다. 사업부 KPI도 매월 매주의 과정관리 속에서 만들어진다는 의미이다.

설정 목표를 지점장만이 아닌 모두가 같이 공유하고 실천하고 점검하여 만들어내는 것이다. 이 과정이 팀워크이지 결과만이 팀워크가 아니라는 점을 명심할 필요가 있다.

　결과만을 강조하는 팀워크는 지속하기 어렵지만 과정이 제대로 된 조직은 지속적인 성장을 이끌어 낼 수 있다. 말을 잘하고 카리스마가 넘치는 리더보다 비전 제시 능력과 공감 능력이 뛰어난 리더가 지속적인 성장을 만들어낸다.

　아무리 어려운 상황이더라도 방향제시를 통해 "할 수 있다."는 공감대를 제시할 수 있어야 조직이 올바른 방향으로 나아간다.

우리는 나보다 힘이 세다

## 또 다른 시작을 위하여

어려운 달 목표달성!

짧은 영업일수라는 제약에 초점을 맞추지 않고 목표달성에 매진한 결과라고 생각한다. 이는 목표지향적인 조직 구성원들이 만들어낸 성과다.

앨런 코헨의 이야기를 들어보면 어떻게 하는 게 바람직한 것인지 쉽게 알 수 있다.

"세상에는 두 종류의 사람이 존재한다. 변명하는 사람과 결과를 얻는 사람이 바로 그것이다. 변명형 인간은 일을 수행하지 못한 이유를 찾지만 결과형 인간은 일을 해야 하는 이유를 찾는다. 반응하는 사람이 아니라 창조하는 사람이 되어라." 〈앨런 코헨〉

우리는 결과를 만들어내고 전체를 이끌어가는 선도적인 사업부이기에 어려움을 극복하고 결과를 창출해 낸다고 자부한다. 진정한 성과는 일시적으로 반짝하는 것이 아니라 지속돼야 한다.

지속적인 성과를 유지하기 위해서는 우리 주변의 영업환경을 선순환으로 만들어 갈 필요가 있다. 선순환을 위해서는 바람직한 태도(Attitude)가 필요하다.

　주어진 목표를 긍정적으로 바라보는 태도야말로 영업사원으로서 가장 중요한 덕목이라고 생각한다. 그러나 목표가 있어 힘들다고 하고, 목표를 생각하면 항상 머리가 아프고 생각만 해도 스트레스가 쌓인다는 영업사원도 있다.
　반대로 목표가 주어졌기에 해야 할 방향이 제시됐고 도전하려는 욕구가 있기에 지치지 않고 생활해 나갈 수 있으며 그 누구도 느끼지 못한 성취감이라는 선물까지 덤으로 얻는다고 생각하는 영업사원도 있다.

　무엇이든지 생각하기 나름이다. 위험한 바다동물의 대명사인 상어는 강력한 포식자의 지위를 누리고 있으나 부레가 없다고 한다. 상어에게는 부레가 없기에 몸이 가라앉지 않도록 하기 위해 계속 지느러미를 흔들며 헤엄쳐야만 한다고 한다. 부레가 있어야 뜨거나 가라앉을 수 있는데 상어는 평생 헤엄쳐야 하는 운명을 가졌기에 몸의 구조도 더 강인하게 만들어져 있는 것이다. 어떻게 생각하고 받아들이느냐에 따라 결과는 판이하게 달라진다.

　목표를 향한 적극적인 태도와 영업활동의 기본(5-Action)을 자기 것으로 만들어 가고 있다면 어떠한 어려움이 닥쳐도 능히

"진짜 실력"을 발휘할 수 있고 또 지속적인 성과로 이어질 것이라고 장담한다. 목표를 피동적으로 생각하지 말고 능동적으로 생각하면 긍정의 결과가 나오기 마련이다. 이런 태도로 임한 결과는 우리의 자신감으로 승화되고 저력으로 내재돼 또 다른 시작을 맞이하게 된다. 이번 달에도 목표와 더불어 목표 달성일자를 조금이라도 앞당기자.

날짜를 정해야 우리 몸은 그 기간에 맞춰서 준비하게 되어 있다. 그래야 월초부터 진도에 끌려가지 않고 진도를 리드하면서 주변의 동료와 따뜻한 눈빛을 교환하며 즐거운 직장생활을 할 수 있을 것이다.

> 삶이란, 우리의 인생 앞에
> 어떤 일이 생기느냐에 따라
> 결정되는 것이 아니라,
> 우리가 어떤 태도를 취하느냐에 따라
> 결정된다       〈존 호머 밀스〉

## 안전지대를 넓혀가야 한다

우리가 어렸을 때는 자기 집이 중심이고 그 한계를 벗어나기 어렵다. 학교를 들어가면서 점점 안전지대를 넓혀가면서 친구도 사귀곤 한다. 특히 직장을 갖게 되면서 어떤 상사와 어떤 동료를 만나느냐에 따라 인생이 달라진다. 인생에서 목표를 향해 성실하고 꾸준하게 노력하는 것만큼이나 중요한 것이 어떤 사람과 관계를 맺느냐 하는 것이다.

좋은 사람을 만나 긍정적인 에너지를 얻는 것, 그리고 자신 또한 그러한 사람이 되기 위해 노력하는 것, 이것이 인간관계에서 가장 중요한 원칙일 것이다. 사람은 누구나 타인과 관계를 맺고 살아간다. 그래서 관계하는 이의 장단점이 자신에게 상당한 영향을 미친다고 본다.

직장에서 좌우상하 서로에게 긍정적인 에너지로 가득 찬 조직에서 생활한다는 것은 행운이라고 생각한다. 우리가 그런 행운을 안고 생활하고 있음은 얼마나 감사한 일인가? 그런 조직은 저절로 만들어지는 것이 아니라 자기의 역할이 중요하다. 자기를 중심으로 관계되어 있는 사람들과 사회생활을 해야하는 것은 피할 수 없는 숙명이다. 중요한 것은 어떤 사람이 자신의 곁에 있느냐 하는 것이다. 그 중심에 바로 자기 자신이 있다.

　진정성만이 상대의 마음을 완전히 움직이고 서로를 이해할 수 있는 촉매제가 된다.

　영업에서는 담당 거래처와의 관계가 원만하게 설정되는 게 무엇보다 중요하다. 왜냐하면 담당하고 있는 거래처가 근원적인 안전지대이기 때문이다. 안정적인 매출을 꾀한다면 주변의 좌우상하 관계가 좋아야 할 것이고 그러면 직장생활이 순탄하면서도 재미가 있을 것이다. 거래처와의 유대강화를 위해 5-Action을 기본으로 영업활동을 하는 것이다. 그 자체가 자기의 안전지대를 넓혀가는 일이므로 소홀함이 없도록 해야 할 것이다.

　상반기 마감과 하반기를 시작할 즈음인 현재, 자신의 안전지대가 안녕하신지?
　부족하다면 "늦었다고 할 때가 가장 빠르다."는 말의 의미를 되새겨보고 새로운 각오로 출발하는 월요일이 되었으면 한다. 우리는 늘 어려움을 이겨내고 멋진 도전을 이어왔다는 점에서 선도적인 사업부임에 틀림없다.

　더욱더 자신 있게 우리의 안전지대를 넓혀가도록 하자.

진실함으로 사로잡은 상대는 쉽게 나를 떠나가지 않는다

## 사람이 일을 만들어낸다

경영의 화두로 "사람경영"이라는 말이 많이 나오고 있다.

성경책에도 "대접받고 싶은 대로 남들을 대하라."라는 말이 있다. 사람들은 자신을 제대로 대접하지 않는 리더를 잘 따르지 않는다.

"만족감 및 동기부여의 열쇠는 기본 예의를 갖춰 사람들을 대하는 데 있다. 공을 들여 키워야 하는 화초보다 인간은 더 민감한 존재이다. 화초를 대하듯 사람들을 대하라. 그러면 활짝 피어날 것이다."

〈조 앤더슨 경영인위원회 TEC 회장〉

우리와 관계되어 있는 사람들에게 존중받고 싶은 만큼 남을 먼저 존중하는 게 "경영의 황금률"이다. 그만큼 상대적인 게 인간관계다. 우리 주변의 거래처나 동료들에게 어떠한 행동을 했는지 한번 생각해보자. 특히 영업활동하는 와중에 상대에게 좋은 이미지를 얻으려면 어떻게 해야 하는가?

세상에서 가장 얻기 어려운 게 사람의 마음이다. 속담에 열 길 물속은 알아도 한 길 사람의 마음은 알기 어렵다는 말이 있듯이 사람의 마음이란 우리가 연애하는 심정으로 내 마음을 먼저 주지 않으면 쉽게 얻기 힘들 것이다. 결국 혼자 잘나서 조직이 잘될 수는 없다.

지점의 실적을 점검해보면 지점원과 화이팅하고 응집력이 높은 지점이 실적이 좋고 지속적으로 성과를 내고 있다. 지속적인 성과는 직원, 거래처, 품목이 한 데 어우러져야 한다. "상하동욕자승"의 의미를 되새기는 하루를 열자.

장루이민 회장은 다음 세 가지로 마음을 합쳐 직원들의 충성심을 이끌어낸다고 한다. "도와줄 때는 따뜻한 마음으로, 지적할 때는 진실한 마음으로, 가르칠 때는 이해하는 마음으로." 지금 하고 있는 일, 지금 함께 하는 사람이 중요하다.
가까이 있는 사람의 소중함을 깨닫는 데 모든 것이 달려 있다고 본다.

제대로 달성하고 멋진 상상휴를 즐기자!!!

> 일이 중요하다면 함께 일하는 사람도 중요하게 여겨야 한다

## 새로운 시작을 위한 재충전의 휴가

모두 행복한 휴가를 보냈는지요?

우리는 그 동안 바쁘게 살아왔고 열심히 살아왔다고 본다. 현대인들은 휴대폰을 통한 온라인상의 문자, 카톡, 밴드, 메일 등 정보의 홍수 속에서 뒤지지 않으려고 연신 손가락을 열심히 움직이며 바쁘게 살아가는 것 같다. 그런 면에서 휴대폰이 터지지 않는, 휴대폰에 신경을 쓰지 않아도 되는 휴가가 참다운 휴가인지도 모른다.

우리나라는 OECD 34개국 중에서 노동시간이 부동의 1위이고 휴식 시간은 밑바닥의 범주를 벗어나지 못하고 있다고 한다. 또 청소년들의 공부시간은 세계 1위이면서 행복지수는 최하위라고들 한다. 이는 뭔가 제대로 돌아가고 있지 않다는 지표다.

독일의 작가 울리히 슈나벨은 그의 저서 〈행복 중심의 휴식〉에서 "사람들은 휴식에 대해서 크게 3가지의 오해를 가지고 있다."고 지적했다.

첫째, 시간이 없어서 쉬지 못한다는 오해이다.

둘째, 휴식은 일상으로부터 탈출해야 하며, 그러기 위해서는 돈이 필요하다는 오해이다.

셋째, 휴식은 완벽하게 환상적이어야 한다는 오해이다. 그러나 휴식은 외부와 단절된 공간, 충분한 시간, 쓸 돈 등 조건이 완벽하게 충족된 환경에서만 가능한 것이 아니다. 휴식이란 "밀도 있는 한가로운 순간"을 의미한다.

돈을 쓰지 않더라도 자신의 인생에 대해 집중하며 시간을 한가로이 보내는 것이 진정한 휴식일 수 있다. 제대로 쉴 줄 아는 사람만이 인생을 제대로 보내고 또한 일도 잘하는 사람일 확률이 높다. 따라서 휴식은 꼭 필요하다. 우리가 먹어야 살듯이 제때에 쉬어야 다음을 기약할 수 있다.

즉, 지금 바로 이 순간에 온전히 집중하는 것. 이것이야말로 진정한 휴식이다.

9일간의 달콤한 휴일을 보내고 출근하는 첫날이다. 또 다른 상상휴를 기약하려면 일이 바탕이 되어야 한다. 우리가 하는 일이 없다면 혹은 일의 진행이 어렵다면 진정한 휴식이 필요할까? 아마 필요 없을 것이다. 그래서 인생은 양손으로 다섯 개의 공(일, 가족, 건강, 친구, 자기 자신)을 던지고 받는 게임이라고들 한다.

하지만 4개의 유리공(가족, 건강, 친구, 자기 자신)과 1개의 고

무공(일) 가운데 깨지지 않는 고무공(일)이 제대로 굴러가야 유리공을 깨지지 않게 보호할 수 있음을 알 수 있다. 일에 온전히 집중할 수 있어야 재충전의 기회를 가질 수 있다.

이제 일상의 업무로 돌아와서 일을 시작할 때이다. 8월은 영업일수가 짧다. 그래도 사람이 하는 일인만큼 마음가짐이 중요하다. 일은 일하는 사람의 태도가 결정한다.

"내 사전에 불가능은 없다."는 나폴레옹이 한 말이다.
인류 역사상 알프스를 넘어 군대를 이끈 사람은 한니발, 샤를마뉴 대제, 그리고 나폴레옹 세 사람뿐이다. "할 수 있다고 믿어야 할 수 있는 법이다." 그들이라고 무거운 대포를 이끌고 알프스를 넘는다는 게 무모하다는 것을 몰랐을까? 무모하고 어렵다는 걸 알았을 것이다. 그만큼 리더를 신뢰하고 같이하는 동료에기 남다르기에 "할 수 있다."는 가능성에 고통을 감수하고 희망을 쏟았을 것이다.

"서로 간의 신뢰로 뭉쳐진 조직은 하고자 하는 방향으로 결집하는 특성이 있다."
OTC사업부의 지속적인 목표달성이 바로 이와 같은 사례라 할 수 있다. "할 수 있다."라는 마음가짐으로 기본(5-Action)에 충실하면 영업일수가 짧은 달(8월)임에도 "능히 해낼 수 있다."고 본다. 우리의 지나온 궤적이 헛되지 않았음을 재충전한 힘으로 입증하자!

"할 수 있다!"
"진정으로 할 수 있다는 마음을 가져야 할 수 있는 것이다."

쉴 때는 완벽하게 쉬어라,
쉬었다면 완벽히 집중해 일하라

## 기적 같은 만남과 고유성

　사람으로 지구상에 태어날 확률(1/10의 400승)은 가히 짐작하기 어려울 만큼 낮다. 지구상의 한 생물체로 태어날 확률조차 "1/10의 22승"이라고 한다. 이 확률만 놓고 생각할 때 이 세상에 같은 사람이 존재할 가능성은 없다.

　상대의 고유성을 존중해주어야 같이 할 수 있는 여지가 마련된다. 그러나 우리는 자기와 맞지 않는다고 쉽게 상대를 평가하고 함부로 대하는 경우가 많다. 그러다 보니 관계가 악화되고 여러 가지 부작용이 나타나는 경우가 허다하다.
　상대가 틀리다는 것을 강조하기 이전에 나와 "다르다"는 점을 먼저 깨닫는다면 모든 일이 쉽게 풀린다. 모두가 하나의 "고유한 인격체"이며 "다르다"는 점을 먼저 깨닫고 임한다면 거래처의 관계나 인간관계도 스스럼없이 풀릴 것이다.

　우리가 그토록 낮은 확률을 뚫고 만나서 공동의 목표를 위해 불철주야 노력하고 있으며 각기 다른 개성을 합쳐 일을 잘 풀어가고 있다는 점은 스스로 자랑스럽게 생각할만한 가치가 있다고 본다.

그 누구도 해보지 못한 기록을 이어가는 우리들. 서로에 대한 배려, 소통, 자기관리 등으로 그 자랑스러움을 이어가기 위한 노력을 게을리하지 말자. 상대에게 엄지손가락을 높이 치켜세우는 조직은 어떠한 어려움이 있더라도 능히 헤쳐나갈 수 있으리라 장담한다.

> 온 우주 안에 유일한 존재인
> 개인이 만나 이룬 조직 자체가 하나의 기적이다

## 관점의 차이?

우리가 어떤 사물을 대할 때 보는 이에 따라 해석을 달리하는 경우가 많다. 카메라를 가지고 어떤 각도에서 찍느냐에 따라 전체적인 구도가 달라지듯 보는 관점에 따라 상이한 결과가 나온다.

2002년 노벨경제학상을 받은 심리학자 대니얼 카너먼(Daniel Kahneman)의 〈생각에 관한 생각〉을 읽어보면 사람의 관점이 얼마나 무서운지 알 수 있다. 대니얼 카너먼은 이스라엘의 대학교 동료인 아모스 트버스키(Amos Tversky)와 어린 시절의 추억을 상기하면서 관점에 대한 이야기를 나눈다. 유태인인 카너먼은 어린 시절(1940년대) 유럽에서 살았는데, 어느 날 독일인 지역에서 놀다가 집에 돌아오는 길에 독일군과 마주치게 된다. 그때 카너먼은 유태인 표식을 옷 안쪽에 감추고 있었는데 독일군은 집에 너만한 아들이 있다면서 호감을 보이며 집까지 바래다주는 친절을 베풀었다고 한다.

그때 만약 소년 카너먼이 유태인인 걸 알았더라면 독일군이 그런 호의를 베풀었을까하는 의구심을 가졌다고 동료인 트버스키에게 이야기하면서, 그 상황에서 중요한 것은 독일군이 어떤 관점을 가졌는가 하는 점이라는 부분에 주목하게 된다.

"인간의 관점이 이성, 사람의 호감도, 또는 물건 그 자체보다 훨씬 무서운 것이다."라는 점에 공감한 것이다.

그는 또 한 가지 실험을 하게 되는데, 미국이 아시아에서 발생한 매우 이상한 질병을 치료 중(600명)에 있다고 가정하고 어느 프로그램이 더 좋아 보이는지 참여자들에게 묻는다.

A. 200명을 살린다.
B. 1/3의 확률로 600명을 구하고, 2/3의 확률로 아무도 살리지 못한다.

"살린다."는 관점에서는 사람들은 "A"가 더 좋아 보인다를 선택한다.

C. 400명이 죽는다.
D. 1/3의 확률로 아무도 죽지 않고, 2/3의 확률로 600명이 죽는다.

"죽는다."는 관점에서는 사람들은 "D"가 더 좋아 보인다고 선택한다.

A, B, C, D는 모두 문제나 상황이 동일한 경우에도 불구하고

"살린다."는 관점에서는 "A"를, "죽는다."는 관점에서는 "D"를 선택하는 다른 답이 나왔다. 이같은 시각차이를 줄이기 위해 만나서 교제도 하고 교육도 받으며 공부를 하는 것이 아닐까 싶다.

이같은 관점의 차이는 결국 "인간은 이해관계에 의해 움직인다."는 말로 귀결되는 것이어서 같은 방향을 공유하고 서로에게 엄지손가락을 치켜세우면서 교감을 하는 것이 조직(company)이고, 뜻을 함께하는 사업부일 거라고 생각한다.

사람이 이해관계를 떠나 만나기는 어렵지만 만남과 교제를 통해서 이를 극복해 가는 것이 사람이다. 그래서 "사람이 일을 한다."는 것이다. 주변의 동료와 어떤 눈빛으로 교감해야 하는지는 우리가 선택해야 할 일이다.

> 인간은 이해관계에 의해 움직이지만,
> 교감을 통해 얼마든지 이해관계를 넘어설 수 있다

## 어느 구름에서 비가 내릴지 모른다

시골에서 농사를 짓는다고 생각해보면 지금 위에 있는 구름에서 비가 내릴지, 아니면 저편에 있는 구름에서 비가 내릴지 아무도 알 수 없다. 인간관계에서도 어떤 사람이 나와 인연이 되어 도움을 줄 수 있을지 아무도 모른다. 그렇다고 마당발처럼 덮어놓고 많은 사람과 교제를 하는 것도 문제다. 그러나 "세상엔 공짜가 없다."라는 말이 있듯이 서로의 관계에 있어서 인풋이 있어야 아웃풋이 있게 마련이다.

특히 우리나라에선 몇 단계만 거치면 모든 사람과 다 인맥이 닿는다. 그러니 현재 자기 주변의 사람이나 만나는 사람들에게 무엇이라도 줄 수 있는 환경을 만드는 게 중요하다. 세상은 2가지 원칙으로 되어있다고들 한다. Give & Take, 주고 받는 것이지 받고 주는 것은 아니라고 한다.

우리가 줄 수 있는 것 가운데에는 물론 물질도 있지만 따뜻한 인사말, 호감 있는 눈빛, 최선을 다하여 경청하는 태도, 상대의 말에 반응하는 정겨움 등 다양하다. "가는 말이 고와야 오는 말이 곱다."의 의미는 내가 먼저 보인 좋은 행동이나 말이 상대의 기(氣)를 받아 내게로 온다는 뜻일 것이다.

"뿌린 대로 거둔다."라는 말처럼 어떤 사람이 자기 인생의 길잡이가 되어 줄지 아무도 모른다. 그래서 자기 주변의 인맥관리를 위해서는 뭐라도 베푸는 게 좋다. 물질이든 다정한 미소든 실천할 게 한두 가지가 아니다.

영업 과정에서 일정구역을 맡아 약국을 방문하곤 하는데 지금은 별 도움이 안 되는 약국이라도 담당자 하기에 따라 매출차이가 난다. 실제로 현장 영업시절에 5-Action 중 제1원칙인 주 1회 방문을 꾸준히 했을 때 상대가 성실성을 인정, 의외의 실적을 거둔 적이 많았다.

신입시절(은평구 갈현동 월요일코스) 가던 코스 종점에 예쁜 여약사님이 있었으나 거래하기에는 굉장히 까칠하고 가격 후려치기가 심한 약국이었다. 지나가는 길목이어서 항상 월요일 5시 정도에 방문을 하곤 했다. 나중에 그 약사님과 거래를 하게 되었고 자기 동문들 전체 주문을 자기가 나서서 해주기도 했다. 자기 인생에 어떤 사람이 들어와 도움을 줄 지는 아무도 모른다. 결국 이왕 하는 일, 이왕 만나는 사람이면 살갑게 맞이하는 게 좋다.

우리가 누굴 만난다고 할 때 제1원칙은 "상대가 나를 인식하게 하라."다. 특히 남녀관계에서도 "눈에서 멀어지면 마음도 멀어진다."는 말이 있듯이 자주 만나는 사람이 눈 맞아 결혼에 골인하는 것이다. 오감 중에서 시각이 인지하는 비율이 70%이니 당연지사일 것이다.

인간관계나 영업활동에서도 어떤 거래처, 어떤 품목이 내게 도움이 될지, 사람에 따라 천양지차니 오늘도 영업현장에서 어떻게 하는 게 "답"인지 스스로에게 물어보자.

"현장이 답이다."
"그 답을 풀어가는 것도 사람이다."
"그 사람이 광동제약 OTC, DTC사업부 사람이다."는 틀림이 없는 정답이다.

모두를 내 편으로 만들 수는 없지만
적어도 누군가를 적으로 만들지 않을 수는 있다

## ▲목표달성을 위한 몰입이 주는 행복을 느끼고 있는가?

우리가 살아가면서 소소히 느끼는 행복은 상당히 많다. 어떤 사람은 운동을 하면서 느끼기도 하고 어떤 이는 휴식을 취하면서 느끼고, 또 누군가는 뭔가를 배우면서 느끼기도 한다. 뭔가에 몰입하면서 성취감을 느끼는 사람도 많다. 영업을 하는 사람은 목표달성의 과정에 심취하고 그 결과 얻어내는 성과물이 주는 행복감을 최고로 삼는 것이 중요하다. 매월 주어지는 목표에 대해 피동적으로 움직이는 사람과 능동적으로 움직이는 사람의 행복감 차이는 체험해 본 사람만이 알 수 있는 짜릿하고 뿌듯한 마음일 것이다. 말로 표현할 수 없는 고결한 것이다.

그리스 철학자 아리스토텔레스는 무엇이 "행복"이냐 라는 물음에 "당신이 '지금 해야 하는 일'을 아주 잘하는 상태"라고 답했다고 한다.

지금 해야 하는 일을 가장 잘하는 상태란 처한 상황에 따라 다르겠지만 직업의 관점에서 본다면 자기 직책을 잘 수행하는 것이라 생각한다. 사업부의 입장에서 회사를 대표하여 일정 지역을 관리하는 책임자로서 역할을 가장 잘한다는 것은 매월 주어진 목표 달성은 물론이고 지속적인 것이라야 할 것이다. 우리는 한두 달 다니다가 그만둘 사람이 아니기에 어떻게 지역관리를 해야 하는지를 모두가 잘 알 것이라 생각한다.

그래서 "지금 해야 할 일을 아주 잘하는 상태"가 행복이라면 "우리가 지금 해야 하는 일을 아주 잘하기 위해 노력하는 상태"를 염두에 둔 영업활동 그 자체가 행복일 수 있다. 지금 해야 할 일을 아주 잘하는 상태가 바로 활동이기 때문이다. 즉 행복은 활동이다. 좀 더 비약하자면 행복은 우리의 노력을 통해서 얻어지는 것이라 할 수 있다. 그러면 어떻게 노력해야 하는가?

우리가 "하는 일"은 생각하는 관점에 따라 달라진다. 지겹다고 생각하면 하루하루가 힘들고 만나는 고객이 원수처럼 보일 수 있겠지만 행복의 도구로 생각하고 과정에 몰입하면 행복의 원천으로 거듭난다는 것을 우리는 체험을 통해 알고 있을 것이다.

우리가 지금 해야 할 일을 아주 잘하는 상태가 행복이라면 그 상태로 만들기 위한 노력은 우리 몫이다.

반드시 해야 하는 일을 해내는 순간, 우리의 삶은 행복해진다

Open mind 열린 마음

## 구성원의 공감대가 중요하다

　2015년 달력이 1장 달랑 남아있는 12월. 모든 사람들이 들떠 있는 12월 24일, 그리고 3일 연휴, 일을 떠나 생각해보면 상당히 기다려지는 연휴이지만 사업부의 입장에선 진도 걱정이 앞서는 것은 직업병이기 이전에 책임감의 발로라고 생각한다.

　어릴 적에 교회에는 다니지 않았지만 선물을 준다고 하길래 성탄절에 집 근처의 교회에 갔던 적이 있는데 그곳에서 받은 느낌은 상당히 중요한 부분으로 나에게 다가왔다. 지금까지도 생생하게 기억난다. 그 당시 교회에는 목사님의 설교가 끝나면 같은 또래를 담당하는 선생님이 있었다. 선생님은 다름 아닌 대학생 정도의 청년으로 10여 명을 이끄는 소집단의 리더였다. 그 선생님은 선물을 나누어주기 전에 이야기를 해주셨는데 그 이야기가 성경에 나오는지는 알 수 없지만 대략적인 이야기는 이렇다.

　"예전에 어느 마을에 공동체적인 의식을 치를 때 각 집에서 정성껏 빚은 포도주를 조금씩 가져와 큰 항아리에 담아 의식을 치르고 나서 그 포도주를 마을 사람들이 나누어 먹는 풍습이 있었다고 한다. 그래서 예전처럼 마을의 공동의식이 끝나고 마을 사람들이 나누어 먹으려고 국자로 나누어 보니 항아리에 맹물만 가득했다고 한다. 어찌 이런 일이 있었을까?" 이를 질문하고 토론하는 과정을 경험한 초등학생 때의 성탄절 추억이 상당히 오래 남는다. 군중 속의 한 사람은 별로 표시가 나지 않지만 그 한 사람의 생각이 모두와 같을 때에는 멋진 시너지를 발휘할 것이다. "나 혼자만 하면 괜찮겠지?" 나 혼자만 물을 부어도 표시가 나지 않을 거란 생각이 모두가 같은 생각으로 임하면 물만 모이는 어처구니없는 상황을 만든다. 반대로 모두가 최상급의 포도주를 만들어 모이면 A급 와인이 된다. 선물을 탐내 교회에 갔다가 들은 그 얘기가 지금까지 살아오면서 정신적 버팀목으로 자리잡아 있다는 사실을 항상 감사하게 생각한다.

사업부를 관장하면서도 이와 유사한 상황을 수도 없이 봐 왔다. 개성이 각각 다른 이들이 모인 집단에서 공감내를 만들어 가는 것이 목표달성의 첩경임을 느끼고 실천을 하고 있다. 지금 우리는 심리적으로도 많은 갈등을 느끼고 있을 것이다. 정말 어려운 12월, 과연 목표를 달성할 수 있을까? 과연 OTC가 이번에도 할 수 있을까? 결국 구성원의 마음이 어떻게 모아지는가에 달려있다고 본다. 지역을 책임지고 있는 각자가 "나 혼자 적당히가 아니라 내가 먼저 진도를 완수해야겠다는 마음"이 우선한다면 어떠한 어려움도 뚫고 나갈 수 있다고 본다. 불황기에도 잘되는 사업이나 조직이 있다. 그 이면에는 되는 쪽만 생각하는 남다름이 있다. 지레 겁먹고 포기하기보다는 "할 수 있다."라고 생각하고 현장에서 부딪쳐보는 그 상태가 한 사람 한 사람에서 조직으로, 또 사업부로 이어진다면 가능하다. "나 혼자 적당히"가 아니라 "내가 먼저"를 실천하다보면 주변이 긍정으로 변한다는 걸 확인할 수 있을 것이다.

어렵다는 말이 일상화된 상황에서 살아남고 성장하는 유일한 길은 남과 다른 차별화된 마음과 행동으로 고객에게 다가가면서 일하는 의미를 부여하고 새로운 가치를 만들어내며 이를 지속 발전시켜 나가는 것이 아닌가 싶다.

"나는 빼고"가 아닌 "내가 먼저"의 마음으로 나서는 순간 주변도 달라진다

## 우주의 중심은 누구인가?

벌써 12월 31일이다. 참 빠르게 지나간다. 새해를 맞이하면서 기대도 많았지만 아쉬움도 많아 허전하지만, 어김없이 한 해를 마무리할 때이다. 마무리를 어떻게 해야 좋은가? 세월이 흘러가는 주체는 우리가 정한 숫자인가? 우리의 느낌인가?

예로부터 우리 선조는 天, 地, 人 등 三才를 우주의 기본이라 생각하여 왔다. 그래서 삼세번, 삼박자, 삼신할매, 사업부 박수세 번 등 3이란 숫자를 즐겨 사용한 것으로 보인다. 3이라는 숫자를 좋아하는 민족임에 틀림없다.

그리고 인체는 우주의 축소판이라 생각해서 음양오행사상이 등장했다 본다. 즉 지구의 70%는 물이고 사람의 70%는 뇌로 구성되어 있다는 점과 지구는 오대양육대주로 구성되어 있고 사람의 내장을 오장육부로 표현한다는 점이 경이롭게 보여지는 대목이다.

1년은 365일이고 사람의 체온은 36.5℃이며 천지인의 3과 춘하추동의 사철을 더하면 생명을 주관하는 7이라는 숫자가 나온다고 한다. 천지창조의 기둥은 북두칠성에서 나오고 인체의 얼굴은 눈, 귀, 입, 코의 7孔(공)이라 하여 칠성판이라 불렀다고 한다. 그래서 죽으면 관에 구멍을 7개 뚫는 풍습으로 이어지고 있다는데 나는 직접 보지 못했지만 상당히 이해가 가는 대목이다.

생명주관의 7과 천지인 3을 곱한 21이라는 숫자는 예전에 내가 이야기했듯이 세이레의 풍습으로, 습관을 바꾸는 최소한의 기간도 21일이라는 것과 영혼의 무게가 21g이라는 점, 달걀에서 병아리로 부화하는 데 걸리는 시일이 21일이며, 병뚜껑의 톱니도 21개일 때 가장 밀봉상태가 좋다는 점을 볼 때 21이라는 숫자는 참 오묘하다.

사람이 죽으면 생명주관 숫자 7의 곱인 49재를 지낸다. 우주와 사람 간 관계를 염두에 둔 음양오행사상, 즉 해와 달의 음양, 목성, 수성, 화성, 토성, 금성으로 이어지는 오행의 오묘한 내용, 10天干(천간), 12地支(지지), 60甲子(갑자) 중의 한 해 마지막의 날에 우주의 중심은 자기 자신이라는 것을 생각해 보게 된다. 우주의 축소판인 자기 자신이 중심이 되어야 한다는 것에 여러분도 동의할 것으로 생각된다.

우주의 중심인 내가 행복해야 온 세상이 행복하게 보이는 법이다. 새해도 우리가 주도적으로 이끌어가는 한 해가 되길 소망한다. 광동제약도 우리 OTC, DTC사업부가 중심이다.

우주의 중심이 당신이듯, 조직의 중심도 당신이다

## 긍정적인 말로 시작하자

우리가 영업활동을 할 때 "할 수 없다."는 마음가짐으로 거래처를 방문하면 어려운 점에 봉착할 때가 많다. 왜냐하면 자신감 부족이 얼굴에 나타나기 때문이다.

그 반대로 "난 할 수 있다."라고 외치면 자신감이 생기고 일단 해보려는 마음이 앞서는 경험을 하곤 한다. 그래서 긍정과 성취라는 단어를 많이 쓰면 실제로 그렇게 이루어지는 경우가 많다.

"할 수 없다.", "실패했어."보다 "할 수 있다." "해냈어."라는 단어를 많이 사용하는 것만으로도 성취 가능성이 그만큼 높아지는 사례가 영업현장에는 많이 있다.

상위에 랭크되어 있는 영업담당자들을 만나 이야기해 보면 항상 긍정적이고 목표를 달성하는 가능한 방법을 찾아 몰입하는 경우가 많다. 그러나 일이 뒤처지는 사람은 안 되는 구실을 찾는 데 시간을 많이 빼앗기기 때문에 더욱 일이 안 되는 경우가 많다. 그래서 어려운 환경일지라도 주어진 목표를 달성하기 위해 스스로가 긍정적인 마음으로 목표 달성에 집중하면 자기도 모르는 사이에 일이 술술 풀리고 결국 성취감을 맛볼 수 있을 것이다.

> "할 수 없다."라는 말은 글로 쓰건 말로 하건
> 세상에서 가장 나쁜 말이다
> 그 말은 욕설이나 거짓말보다 더 많은 해를 끼친다
> 〈에드가 게스트〉

## 문화가 중요하다

새뮤얼 헌팅턴은 "문화가 중요하다."고 역설하고 있다. 21세기에도 세계는 가난한 나라와 부유한 나라, 자유로운 나라와 억압받는 나라로 나누어져 있다. 새뮤얼 헌팅턴은 그 원인을 설명할 길은 "문화"라고 강조한다. 그는 예를 들어 1960년대의 한국과 가나의 국민소득은 가나가 2배 정도로 앞서 있었으나 지금에 와서는 한국이 가나보다 20배 이상 앞서는 이유는 오직 "문화적 가치" 외엔 설명할 길이 없다고 강조한다. 부존자원도 없는 한국이 이처럼 잘 살게 된 것은 문화의 차이에서 기인한다는 것이다. 또한 똑같은 이민자들이 모여서 만든 남미나 북미를 비교해 봐도 그렇고, 유태인과 한국사람들이 세계 어디를 가더라도 잘 사는 것은 문화 차이 외에는 설명할 길이 없다고 말한다.

직장도 마찬가지다. 각각의 회사마다 직장문화가 있다. 회사 내에서도 사업부마다 문화가 다르다. 문화는 금방 만들어지는 게 아니라 시간을 두고 시행착오 끝에 형성된다. 똑같은 시간이 주어졌지만 결과는 부서마다 사뭇 다르다. 이를 무엇으로 설명할 수 있을까? OTC사업부는 목표를 향한 긍정의 조직으로 자부심이 대단하다. 이는 한두 사람의 힘으로 만들어진 게 아니라 모두가 한 방향으로 자신을 내던진 결과라고 생각한다. 일시적인 성과보다는 지속적인 성장을 위해 기본에 충실했기에 가능한 일이라고 본다. "세상에 공짜는 없다."는 얘기를 했던 적이 있는데, 오늘의 영광은 어제의 결과다. 결국 지금 제대로 하지 않으면 성공을 이어갈 수 없다는 것이다.

그럼 문화를 만들고 이어가려면 어떻게 해야 하나?

"현장에 모든 답이 있다."는 전제 아래 구체적으로 지표를 설정하고 추진해야 한다. 하나는 구성원의 의식전환, 즉 긍정적인 태도이며 두 번째는 변화된 사례를 서로에게 이야기(Storytelling)하는 것이고, 세 번째는 그에 맞는 슬로건이라고 생각한다. 슬로건을 중심으로 모든 구성원이 얼라인먼트(Alignment)해 나간다면 문화는 서서히 만들어져 가고 유지되어가는 것이다. 좋은 문화는 쉽게 만들기도 어렵지만 일단 만들어지면 관성이 붙어 지속된다. 이는 선진국 대열에 있는 나라들을 연상하면 쉽게 이해될 것이다.

돌아보면, 사람을 변화시키려면 정책부터 바꿔야 하고, 정책을 바꾸려면 문화를 바꿔야 한다는 점을 OTC 사례에서 알 수 있을 것이다.

누구나 "할 수 있다."는 마음을 품기만 해도 반은 이루어진 것이나 다름 없다. 일은 사람이 어떤 마음을 먹느냐에 따라 좌우되고 그 사람들이 모여 하나의 문화, 직장문화를 만들어 간다. 어떤 직장문화가 좋은 것인가? 같이 하는 이들과 성취감을 공유하고 서로 이끌어 주는 문화라야 한다고 본다. 그럼 어떻게 해야 할 것인지 답은 나왔다고 본다.

"하늘은 스스로 돕는 자를 돕는다."

> 좋은 문화는 쉽게 만들어지지 않지만
> 한번 만들어진 좋은 문화는 쉽게 사라지지 않는다

Open mind 열린 마음

| A | Attitude (태도) |
|---|---|
| C | C-Cycle (완성) Challenge, Change, Choice, Chance (도전, 변화, 선택, 기회) |
| T | Try (실행) |
| I | Innovation (혁신) |
| O | Open mind (열린 마음) |
| N | Never ever give up (절대 포기하지 마라) |

# ACTIO**N**EVER EVER GIVE UP

### 영업 철학 : 절대 포기하지 마라

## 영업 철학 (ACTION) : N : Never ever give up

**❻ N : Never ever give up (절대 포기하지 마라)**

"독일 베를린의 막스 플랑크 교육 연구소가 15년 동안 1천 명을 대상으로 연구한 끝에 지혜로운 사람들은 다음과 같은 공통점을 갖는다고 밝혔다.
'지혜로운 사람들은 대부분 역경이나 고난을 극복한 경험이 있다. 인생의 쓴맛을 본 사람들이 순탄한 삶을 살아온 사람들보다 훨씬 지혜로웠다.'"

〈차동엽 신부, '뿌리 깊은 희망'에서〉

KFC 설립자인 샌더슨은 자신의 프라이드치킨 조리법을 활용해 프랜차이즈 사업을 시작하고자 중고 포드 자동차에 압력솥을 싣고 숙식을 해결하며 1,008번이나 제안을 거절을 당했지만 포기하지 않고 1,009번째에 수주를 따낸 것으로 유명하다.

중국의 세계적인 전자상거래 업체인 "알리바바(Alibaba)"의 마윈 회장이 한국의 젊은이들에게 "절대 포기하지 마라."며 적극적 태도, 항상 배우는 자세가 필요하다고 조언했다.
그는 "미래에 대한 열정과 적극적인 태도, 언제든지 배우고자 하는 자세, 그리고 절대 포기하지 않는 마음가짐이 젊은이들이 가장 갖추어야 하는 소양"이라고 강조하면서 "저는 부자인 아버지도, 뛰어난 스펙도 없다. 저는 하버드에 10번 응시해 거절당했다. 그러나 이런 것들은 중요하지 않다. 중요한 것은 항상 미래에 대한 기대를 가지고, 노력한다면 성공할 수 있다고 믿으며 자신을 증명해야 한다는 생각을 품고 있는 것"이라고 말했다. 그는 또 한국 젊은이들에게 "미래를 낙관적으로 보고 원망하지 말아야 기회를 얻을 수 있다."라고 강조하고, "성공인과 일반인의 가장 큰 차이점으로 성공한 사람들은 항상 미래에 대해 희망을 품고 있는 것"이라고 조언했다.

우리는 무슨 일을 추진하다가 멈추면 거기가 끝이고 더 이상 발전을 기대할 수 없다고 생각한다. 특히 영업사원에게 가장 필요한 것은 바로 포기를 할 줄 모르는 근성일 것이고 우리가 흔히 "포기"는 배추를 셀 때나 쓰는 말이라고 농담 반 진담 반으로 하곤 하는데 정말 중요하다고 본다. 그래서 목표달성은 그냥 되는 게 아니라 달성할 때까지 포기하지 않고 끈기있게 노력하는 사람에게 주어지는 선물이다.

윈스턴 처칠의 유명한 말이 있다.
"포기하지 마라, 포기하지 마라, 절대로 포기하지 마라."

현장에 임하는 영업사원이 "포기하지 마라"는 글귀를 바이블로 삼고 임한다면 안될 것이 하나도 없다고 본다.

그런 모토로 포기할 줄 모르는 우리는 지금까지 성과에서도 타의 추종을 불허한다.

지속적인 성과를 위한 근성인 "결코 포기하지 마라"의 의미를 자기 것으로 만들어 가는 사람이 목표달성이라는 고지를 올라가게 되는 것이다.

> **point**
> 포기하고 싶을 때 포기하지 않는 것이 진짜 실력이다

## 만약에

"만약에 그대가 집요하다면
그 목표를 향하여
지루함에도 굴하지 않고,
끝까지 노력할 수 있다면,
세상은 그대의 것이다.
그 안에 있는 모든 것도 그대의 것이다.
게다가 그대는 성공하리라.
나의 친구여."

〈키플링〉

영업사원에게 가장 중요한 키워드는 목표달성에 대한 "집요힘"일 것이다. 키플링의 "만약에"는 어떤 것에도 굴하지 않고 목표를 향한 일념과 실천이 뒷받침된다면 성공을 보장한다는 것을 역설하고 있다.

일은 우리의 마음속에 있다. 할 수 있다고 마음먹고 움직이는 데 달려있다. 우리는 숱한 어려움에도 굴복하지 않고 목표를 달성해온 저력이 있는 사업부이기에 오늘도 멋지게 마무리할 것으로 기대된다.

문제는 우리의 마음이다.

"어렵다.", "힘들다.", "영업일수가 적다." 등 주변의 이야기에 현혹되지 말고 우리 스스로의 싸움에서 이겨내야 한다.

결국 자신의 한계를 극복해내는 과정과 결과가 성취이자 성공이다.

얼마 남지 않은 시간에 다시 한번 결연한 마음가짐으로 마무리에 총력을 기울여 또 다른 상상휴를 맞이하도록 하자!

주변의 이야기에 현혹되지 말고 "할 수 있다.", "해야 한다."는 긍정적인 마인드로 현장의 어려운 파고를 슬기롭게 넘어가도록 서로에게 힘을 보태자.

자신의 한계를 극복하는 것이 곧 성취다

## 영업활동하는 의미

아우슈비츠 수용소에 수감되었다가 구사일생으로 살아나온 정신의학자 빅터 프랭클은 몸이 튼튼하거나 재치 있고 머리가 좋은 사람이 수용소에서 살아남은 것은 아니라고 말했다. 그는 삶의 의미를 가진 사람만이 살아남았다고 했다. 그러면서 그는 삶에 어떤 의미가 있다면 반드시 고통에도 의미가 있어야 한다고 말한다.

여기에서 한 가지 배울 점을 찾아보자. 어떤 극한상황에서도 삶에 의미를 부여하고 임한 사람이 다른 사람보다 살아남을 확률이 높다.

우리가 매일 누비는 영업현장에서도 마찬가지다. 그냥 주어지는 대로 관성에 따라 출장을 나가기보다는 오늘 할 일을 준비하는 게 더 낫지 않을까? 그리고 자신이 하는 일을 좋아하고 의미를 부여하는 게 무엇보다 중요하다.

일이 좋아서 하는 사람은 드물겠지만 스스로 좋아하는 일이라 생각하면서 변화의 여지를 찾는다면 누구나 찾을 수 있다.

반대로 시켜서 마지못해 일한다면 하루하루가 얼마나 고통스러울까?

영업지표나 투입되는 제품의 회전일을 예전보다 개선시키는 계수의 변화에 영업활동의 의미를 부여한다면 하루하루 뭔가 채워지는 느낌이 들 것이다. 채워지는 느낌이 성취감이자 곧 행복이다.

의미를 부여하고 일하든 그냥 주어지는 대로 일하든 시간은 흘러간다. 그 흘러간 시간이 우리 경력의 일부이고 삶의 일부가 된다. 어떤 게 바람직할까?

살아가면서 궁극적인 목표는 행복(상상휴)일 것이다. 행복은 멀리 있는 게 아니라 바로 우리의 일상에 있다. 우리의 일상은 뭘까? 주어진 환경에서 내가 원하는 방향으로 이끌어나가는 것이 아닐까. 내가 원하는 방향으로 만들어갈 때 의미가 있는 것이고 그게 행복의 시작이다.

지속적인 행복감을 유지하려면 영업활동을 허투루 하면 안 될 것이다. 결국 기본(5-Action)에 충실하는 게 무엇보다 중요하다.

> 영업은 누군가에게 물건을 파는 일이 아니라
> 누군가에게 나의 의미를 채워가는 일이다

## 집중력의 힘

프랑스 출신의 곤충학자인 장 앙리 파브르는 돋보기 한 자루를 들고 "여러분의 에너지를 한 곳에 모아보세요. 그럼 당신도 이 돋보기처럼 종이를 태울 수 있습니다."라고 말했다.

미국 작가 마크 트웨인은 "사람의 생각이란 대단하다. 한 가지 일에 집중하면 정말로, 자신도 놀랄 만큼 대단한 성과를 거둘 수 있다."라고 말했다.

우리는 하루 일과에서 얼마나 집중력 있게 일하는가? 곤충학자 파브르가 집중력의 사례로 든 돋보기는 초등학교 때 모두 체험해 봤을 것이다. 사람의 집중력도 마찬가지라고 생각한다. 일을 할 때 중요한 것은 얼마나 많이 알고 똑똑하냐가 아니라, 얼마만큼 끝까지 긴장감을 풀지 않고 정성을 들여 집중하느냐다.

"무슨 일이든지 하나의 일에 집중해 혼신의 힘을 쏟으면 못할 것도 없다."

그래서 결과를 내는 사람이나 조직은 지금에 만족하지 않고 꾸준하게 혁신하고 진화를 거듭하고 마지막까지 혼신의 힘을 쏟는다.

자기가 설정한 목표에 도달할 때까지 생각하고 행동하고 끝까지 집중력을 발휘하는 태도는 이번 달뿐만 아니라 그 이후에도 지속적인 성과를 나타나게 해 줄 게 분명하다고 본다.

그러니 오늘 하루만이라도 일과를 집중력 있게 수행한다면 스스로도 놀라운 성과를 거두게 될 것이다. 집중력 있는 영업활동은 우리의 미래다.

> 성과는 현재에 만족하지 않고
> 꾸준한 집중력을 발휘하는 자에게 주어지는
> 선물이다

## 긍정의 관성법칙

우리가 누군가와 협상을 할 때 Yes, Yes, Yes라고 대답을 3번 유도하면, 그 다음 대답도 Yes가 될 확률이 두 배 이상 높다고 한다. 결국 사람은 누구나 Yes라고 하면 마음도 따라가기 마련이기에 작은 일에 대해 Yes를 연속적으로 유도하면 큰 Yes라고 말할 확률이 높아진다는 것이다.

독일에서 실험한 경우다. 사고가 많이 일어나는 길모퉁이에 주의 푯말인 "이곳에서 무단 횡단하지 마세요."를 설치하기 위해 땅 소유자들과 협의를 하였으나 99%가 거절 의사를 보였다고 한다. 교통법상 표지판은 가로, 세로 1.5m 정도 크기로 세워야 하니 소유자 입장에서는 선뜻 수락하기 어려웠던 것이다. 6개월 뒤에 가로, 세로 12cm인 표지판을 설치하자고 설득하였더니 무려 73%가 동의하였다. 그리고 1개월 뒤에 다시 찾아가 표지판이 너무 작아 잘 보이지 않으니 가로, 세로 1.5m표지판으로 대체하고자 하니 무려 70%가 동의하였다. 결국 처음에는 거의 동의하지 않았는데 작은 표지판의 동의를 유도해 큰 표지판의 설치 동의를 50% 이상 높이는 결과를 만든 경우이다.

이렇듯 처음 시작은 작은 Yes를 얻어야 다음 대답을 Yes로 만들 확률을 아주 높일 수 있는 것이다.

입사 후 첫 구역인 은평구에서 성공적으로 영업활동을 하다가 1991년도에 성북 A지역으로 옮겨 영업활동을 했지만 전임자가 지역관리를 엉망으로 해서 월 1,200만 원도 수금하기 어려웠다. 그 당시 나의 월 목표는 1,800만 원~2,000만 원 정도 되었던 것으로 기억하는데 여러분도 잘 알겠지만, 한 약국의 수금단위는 한 번 정해지면 좀체 올리기 어려운 일이기에 나는 영업활동의 목적을 "거래처 수금단위 신장과 회전일 단축"으로 삼았다. 회사에서 돈을 직접적으로 벌어 오는 부서는 "사업부"이지 개발부나 지원부가 아니다. 그러니 거래처 수금단위를 높이는 것은 아주 중요한 일이지만 그걸 지속하기 위해서는 품목이 다변화되어 투입되어야 가능한 일이다. 약사님들을 설득하여 수금단위를 올려야 하는데 이 부분이 상당히 어렵다. 하지만 일단 월말에 수금마감을 해놓고 월초에 또 수금하러 약국에 나가서 2만 원, 3만 원, 5만 원을 추가로 더 받은 경우가 많았다.

월 마감 후 월초에 나가면 달가워하는 경우는 없었지만 저 친구는 목표가 안 되면 "또 나온다."는 인식과 함께 지속적으로 추가해주었기에 좀 더 큰 금액을 요구해도 의외로 쉽게 내주는 경우가 많았다. Yes, Yes, Yes 긍정의 법칙이 영업현장에서는 매우 유용한 내용이라 볼 수 있다. 그래서 영업활동을 할 때 지레 결론을 내리지 말고 끝까지 해보겠다는 생각으로 실천을 하는 것이 중요하다.

　시작은 작은 긍정으로 시작하여 점점 자신이 원하는 접점으로 유도하여 성공적으로 마무리하면 된다. 여기서도 정주영 회장의 어록대로 "해보기나 해봤어!"의 영업철학 ACTION 법칙이 적용된다.
　작은 것을 긍정적인 분위기로 유도하면 그 다음이 긍정적일 확률이 의외로 높게 나타나고 그러한 분위기를 이어가려는 관성이 존재한다. 우리가 일하는 영업현장이나 지점의 분위기도 긍정의 분위기를 이어갈 수 있도록 항상 Yes, Yes, Yes법칙을 명심토록 하였으면 한다.

> 작은 긍정이 큰 긍정을 부르고,
> 나의 긍정이 우리의 긍정을 부른다

## 기적의 순간은 없다

"단 한 차례의 행동, 원대한 프로그램, 한 가지 끝내주는 혁신, 오직 혼자만의 행운, 혹독한 혁명 같은 것은 전혀 없었다. 위대한 기업으로의 도약은 단계마다, 행동 하나하나마다, 결정 하나하나마다, 플라이 휠을 한 바퀴 한 바퀴 돌릴 때마다 쌓여가는 축적 과정을 통해 달성된다. 기적의 순간은 없다."

〈짐 콜린스, '좋은 기업을 넘어 위대한 기업으로'에서〉

위의 내용은 우리가 익히 경험하고 그렇게 해오고 있는 사실이다. 일순간의 기적 같은 성과라는 것은 상상해서도 안 되고 그런 일은 마약과 같은 것이라고 생각한다. 그러기에 우리는 주어진 일을 기본(5-Action)에 충실하면서 꾸준히 자기 것으로 만들어 가야 스스로 Level-up되는 영업사원으로 거듭날 수 있다. 지금의 바람직한 활동방향이 향후의 성과를 위한 디딤돌이라는 점을 명심하자. 왜냐하면 오늘 제대로 해놔야 그게 씨앗이 되어 다음에 더 지속할 수 있는 기회가 만들어진다는 것을 현장에서 누누이 경험했지 않은가.

현장에서 영업활동은 누적되고 또한 복리효과로 자리 잡는다.

우리가 한 품목만 랜딩하여 판매하는 약국도 그 품목이 어느 정도 매출이 발생하면 다른 제품을 넣기가 수월해지는 것도 바로 그런 이유에서다. 그 한 품목이 두 품목으로, 두 품목이 세 품목으로 늘어나면서 규모가 커지는 것이지 느닷없이 커지는 것은 좋아할 일이 아니라 경계해야 할 일이다.

짐 콜린스는 "플라이 휠 이펙트"라는 것을 이야기한다. 사람들이 엄청나게 큰 휠을 돌린다고 생각해보면, 처음 한 바퀴 돌리는 게 어렵지만 또 한 바퀴씩 자꾸 돌리다보면 관성과 원심력에 의해 손쉽게 돌아간다는 이론으로 그는 조직원들이 "되겠구나 하는 것을 느끼는 순간" 플라이 휠 속도가 높아지기 시작한다고 말한다.

굳이 짐 콜린스의 말을 빌리지 않더라도 우리 OTC사업부처럼 94개월 목표 달성과 101개월 연속 성장 트렌드를 유시하는 깃은 기본에 충실하면서 어디로 가야 할지를 잘 알기에 가능한 일이라고 본다. 누구든지 한두 번은 목표 달성을 할 수 있어도 지속하기는 정말 어려운 일이다. 책에서도 좋은 기업이 위대한 기업으로 못 가는 경우가 어느 정도 성공을 거둔 후 자만심이 넘쳐 흘러 나락으로 떨어지는 경우가 많다고 한다. 그러나 위대한 기업은 만족을 모르고 도전을 거듭했기에 명성을 이어가듯이 OTC사업부도 "OTC 123~"이라는 끝없는 도전을 통해 위대한 기록, 위대한 사업부가 될 수 있다고 본다.

무슨 일이든지 쉽게 되는 법은 없다. 우리 영업사원들이 현장에서 우리가 지향하는 바를 제대로 행할 때 복리효과가 축적되어 성과로 나타나는 것이다.

기본에 충실하며 한 땀 한 땀 노력으로 만들어 간다면 OTC, DTC사업부는 거래처에서 환영받을 일만 남을 것이다. 그렇게 만들어 갈 때 지속적인 성과를 거둘 수 있다.

> 우리가 기적이라고 부르는 것은 대부분 노력과 도전이 쌓이고 쌓여 만들어낸 결과다

## 삶의 두 기둥

영업하면서나 살아가면서 가장 중요한 것은 성실함과 목표 의식이라고 생각한다. 내가 학교에 다닐 때 6년, 3년, 3년 개근상을 받았을 때 선생님이 우등상보다 값어치 있다고 치켜세워줬던 생각이 난다. 공부는 나중에라도 잘하면 되지만 개근상은 탈 수 없다고 하셨던 선생님의 말씀을 그때는 이해하지 못했지만 요즘 들어 절실하게 와닿는다. 공부는 나중에 할 수도 있지만 지나간 세월은 막을 수가 없고 후회해도 소용이 없는 것이다. 성실함은 모든 성취의 기본이라 생각하고 그리 믿는다.

우리가 영업하면서도 성실하지 못하고, 또한 약속시간에 늦는다면 상대가 어찌 생각할지 한번 생각해보자. 모임에 나가면 어떤 사람은 약속시간에 임박해서 전화를 한다. 차가 막혀 좀 늦을 것 같다고 말한다. 어쩌다 한 번이면 갑자기 교통체증으로 그럴 수 있겠다 싶지만 매번 그런 상황을 연출하니 약속시간이 가까워오면 사람들이 "그 친구 전화 올 때 됐는데"라고 말한다. 영락없이 그 때 전화가 온다. 성실함은 다른 사람의 관점에서는 신뢰로 받아들인다. 불성실함은 상대에게 어떻게 보이겠는가? 반대로 어떤 이는 항상 약속시간 30분 전에 나온다. 그 친구는 한결같다. 그리고 일찍 와서 책을 본다든지 사업 아이템을 짜고 있다. 그런 모습을 보면서 저 친구는 분명히 성공할 것이라고 여겼는데 역시나 기대에 어긋나지 않게 성공해서 잘나간다. 하지만 항상 늦은 친구는 그 반대다. 이를 보면 성실도 습관이다. 잘못된 습관은 잘 고쳐지지가 않는다. 그래서 과감한 변신과 목표의식이 없으면 바꾸기 힘든 게 우리의 삶이다.

사회생활도 이럴진대 영업활동하는 거래처와의 관계에서는 어떨까? 누구보다도 현장에 있는 여러분이 잘 아실 거라 생각된다. 성실성이 바탕에 깔리지 않은 영업활동은 오래가지 못한다. 고객과의 접점에서 상대를 내 편으로 만들고 지속적인 관계를 만들어 가는 것은 미사여구가 담긴 말과 선물공세가 아니라 진정성 있는 성실한 자세다. "저 친구는 정말 열심이야!"라는 얘기가 상대에게서 들려오면 반은 접고 들어가는 것이다. 누구와 협상을 할 때 먼저 가서 기다리면서 협상을 전개할 시나리오를 챙기는 사람과 늦게 도착하여 허둥대는 사람 중 어떤 사람이 성공할지 한번 생각해 보자. 분명 먼저 가서 준비하는 사람이 비교우위에 있을 것이고 주도권을 잡을 공산이 클 것이다.

그래서 거래처 고객과의 접점에서 기본이자 우리의 경쟁력인 5-Action에서도 주 1회 방문 원칙이 맨 처음에 나오는 것이다. 1

원칙이 제대로 되었을 때 차별화도 통용되고 재고관리나 골드존 차지도 가능한 것이지 어쩌다 한번 방문해서 되는 것이 아니다. 그런 성실함을 바탕으로 그 거래처에 구체적인 목표의식을 가지고 임해야 결과가 좋게 나온다. 목적의식이 없는 성실함보다는 방문하는 목적을 가지고 임해야 변화가 있고 성취가 가능한 것이다.

성실함과 목표의식이라는 두 기둥을 제대로 세워 삶의 방향을 정한다면, 삶이 분명해진다.

> 성실함과 목표의식은 인생을 성공으로 이끄는 두 개의 바퀴다

## 절대 포기하지 말고 임하면 결과는 의외로 좋다

우리가 영업현장에서 많이 접하는 문제일 것이다. 가령 A라는 약국이 우리의 제품을 역매해 줄 만하고 역매하면 어느 정도 매출을 올릴 수 있는 거래처인데도 불구하고 기존의 제품만 투입하고 수금해주는 거래처일 때 몇 번 제품을 어프로치 해보다가 안 먹히면 포기하는 경우가 많다. 이는 90점짜리 밖에 안 된다. 100점짜리 영업사원이 되기 위해선 투입된 수량을 늘리든지 새로운 제품을 투입해야 하는데 상대와 교감이 잘 이루어지지 않을 때 난감한 경우가 허다하고 포기하고 싶을 때가 많을 것이다. 그런 유사한 사례를 소개하려고 한다. 어제 하남지점을 방문하고 과거에 서울시약업협의회 회원이었던 Y제약을 은퇴한 분을 만나 잠깐 예전을 회상하면서 나눈 이야기이다.

그는 Y제약에서 상당히 잘나가는 MKT부장과 사업부장을 겸하는 분이었다. 현재는 "O"메디칼이라는 약품 도매상의 오너이다. 그는 신입시절 광주 모약국의 사례를 이야기해 주었다. 의약분업 전이고 월 1,200만 원의 목표가 주어지던 시절에 광주의 향락가 주변에 위치한 약국의 이야기이다. 그 약국은 여약사님과 남편분이 같이 운영하였다고 한다. 슬하에 중학생인 딸이 있었고 남편은 일명 셔터맨이자 사입부장이었다고 한다. 남편이 아침 일찍

문을 열고 9시까지는 약국을 보는 패턴이었는데 한 달 수금액이 2만 원에 불과했었다고 한다. 다만 이 약국은 향락가 주변이라 항생제가 많이 판매되는 곳이었고 자기 회사의 항생제 제품이 많았는데도 불구하고 수금액이 형편없어 상당히 공을 들였음에도 불구하고 자기 제품으로 체인지하기가 쉽지 않았다고 한다. 그러나 코스대로 지속 방문하면서 유대를 쌓아가던 중에 남편이 모임에서 해외여행을 가게 되었다는 사실을 알게 됐다. 남편이 없으면 아침에 문을 열고 약국을 봐줄 사람이 없어 딸들을 학교에 보내기 위해서는 1주일가량 휴무할 수밖에 없는 상황이어서 본인에게 아침에 문을 열어줄 수 있느냐고 물어서 일단 "해 줄 수 있다."고 답변하고 영업소장님의 허락을 구한 뒤에 약국으로 5일 정도 출근을 했었다고 한다. 남편이 여행을 다녀온 다음 날 영업소로 전화하여 약국으로 와 달라는 요청과 함께 주문서를 달라고 해서 줬더니 무려 800만 원의 주문이 이어졌다고 한다. 또한 제품을 투입한 당월 말에 또 방문 요청하여 갔더니 잔고가 있는 금액의 전액을 입금해주어 놀랐다고 한다.

이 사례에서 시사점은 다양하다. 우선 어느 구름에서 비가 내릴지 모른다는 점이다. 주어진 지역에서의 성실함은 기본일 것이고 매주 방문원칙 역시 기본이었을 것이다. 자기 안목을 믿고 열심히 방문하고 진실되게 임했기에 상대도 공감하여 부탁을 했을 것이다. 이렇듯 영업활동에 제대로 임하면 효과는 복리로 누적되어 자신에게 돌아온다. 그리고 한 가지 간과하지 말아야 할 것은 약국이라는 공간은 제로섬게임이다. 우리가 약하면 경쟁사는 강하고, 우리가 강하면 경쟁사는 약하다. 즉, 어떠한 품목이 추가되어 판매되기도 하지만 한정된 내용을 서로 뺏고 뺏어오는 "제로섬게임"이기에 상대적 우위를 점해야 가능한 매출을 이어갈 수 있을 것이다. 차별화하지 않고서는 거래처 약사님의 눈에 띌 턱이 없다는 것이다.

결국 답은 5-Action을 자기 것으로 얼마나 만들어내느냐 하는 것이다. 포기하지 말고 주어진 진도목표를 리드해가는 OTC, DTC사업부가 되었으면 한다.

기회는 포기하는 사람이 아니라 끝까지 버틴 사람에게 주어진다

## 2015년 대미를 장식하려면?

이번 주의 영업진도가 12월의 향방을 가를 것으로 보인다. 아마 각 지점의 모든 이가 그렇게 생각할 것이다. 그렇다면 어떻게 해야 하는가? 먼저 진도 목표를 "할 수 있다."고 생각하고 영업활동을 해보는 것이다. 그래야 우리가 생각하는 대로 진도관리가 될 것이다. 현대그룹 정주영 회장의 말을 빌리면 "무슨 일을 시작하든지 된다는 확신 90%와 반드시 되게 할 수 있다는 자신감 10% 외에 안 될 수도 있다는 생각은 단 1%도 가지지 않는다."고 한다. 이 얼마나 긍정적이고 적극적인 사고방식이었는지 우리 모두가 인지하고 있을 것이다. 그런 긍정적인 마인드가 오늘날의 대한민국을 있게 했다.

"실력이란 마음 먹는다고 바로 생기는 것이 아니라 고통스런 시간을 이겨내야 한다."

영업진도 상위자를 보면 품목관리, 지표관리가 상대적으로 앞서 있을 것이다. 이런 내용이 어떻게 해서 가능하다고 보는가? 그 사람들의 거래처는 방문하자마자 주문을 해주는 곳일까? 그렇지는 않을 것이다. 어려운 상황에서도 긍정적인 마인드를 가지고 적극적으로 기본(5-Action)활동을 충실히 이행해 나가고 있었기에 다른 결과가 내용이 나왔을 것이다. 그래서 어떤 기업이든 조직이든 담당자이든 항상 변화하려는 태도와 혁신적인 궁리를 하지 않으면 거기서 멈춰 버리는 게 자연 생태계의 진리이다.

"꾸준하게 결과를 내는 사람들은 결코 지금에 만족하는 법이 없다. 마지막까지 최선을 다하려는 승부근성이 그 사람을 한 발자국 내딛게 만드는 것이다."

인생에는 정답이 없듯이 학벌이나 외모에 상관없이 의식이 있는 사람이 의식 없는 사람보다 앞서는 것은 인지상정일 것이다. 이번 주의 향방이 전체를 가늠하는 열쇠이므로 "할 수 있다."는 의식으로 일일 진도관리를 철저히 하여야 한다. 당일 진도는 물론이고 0.1%라도 좀 더 하려는 생각을 모두가 같이 해줘야 12월의 대미를 장식할 수 있을 것이다. 우리는 그 어려운 상황에서도 능히 해낸 저력 있는 사업부다. 그러니 다시 한번 의지를 모아 화이팅하도록 하자.

> 마지막까지 달린 자가 잘 익은 열매를 차지한다

## 포기하지 마라

"포기하지 마라. 저 모퉁이만 돌면 희망이라는 녀석이 기다리고 있을지도 모른다."

2월 마지막 날이다. 항상 매월 말일이면 "~했더라면"하는 아쉬움이 남는다. 영업진도는 사업부나 지점, 사무소, 담당자의 의지에 따라 다르게 나타난다. 그래서 정말 제대로 했다면 결과는 기대한 만큼 나오게 되어 있다. 지금 마무리한 내용을 보면서 그 과정을 돌아보면 느끼는 것이 있을 것이다.

"세상에는 세상을 변화시키려는 사람은 많다. 하지만 자신을 변화시키려는 사람은 없다."라는 말처럼 스스로가 변하지 않으면 안 되는 시대이다. 갈수록 경쟁이 치열해지고 그 경쟁에서 살아남기 위해서는 남을 변화시키기보다는 먼저 스스로 변해야 살아남을 수 있다. 스스로 변하지 않고 잘되기를 바라는 우를 범하지 말자.

지금 약국가의 환경은 저마다 좋은 위치, 즉 골드존에 자기 제품을 안착시키기 위해 자리 바꿈이 치열하게 전개되고 있다. 안일하게 대처해서는 잘될 수가 없다는 것이다. 제대로 된 영업환경을 구축하기 위해서는 기본에 충실하고 번뜩이는 아이디어를 통해 거래처 약사로 하여금 우리 제품을 선택하고 소비자에게 전달되도록 해야 제품이 회전되고 역매로 이어지는 것이다. 결국 선순환의 영업환경을 만들기까지 각자의 책임구역에서 부단히 자기와의 싸움에서 승리해야 하는 것이다.

뭐든지 생각하기 나름이다. 바람이 부는 방향을 보고 서 있으면 역풍이지만, 바람을 등지면 순풍이 되듯이 어떻게 생각하고 어떻게 행동하느냐에 달렸다. 힘들다, 어렵다를 입에 달고 살기보다는 어렵지만 오늘은 생각보다 조금 더 진척시켰으니 내일은 좀 더 갈 수 있다는 희망과 의지를 가진 사람이 더 희망적이고 긍정적인 사람일 것이다.

전 사업부가 100% 목표 초과달성을 계획하고 있다. 정말 대단한 회사이고 조직이다. 그 견인차 역할을 해내는 주체가 우리라는 사실에 뿌듯함을 느낀다. 그 뿌듯함은 이런 것일지도 모른다. 누군가 진정한 성공이란 "자신이 한때 이곳에 몸담았기 때문에 단 한 사람의 인생이라도 행복해지는 것, 또 조금이라도 더 살기 좋은 곳으로 만들어 놓는 것이다."라고 했듯이 우리는 진정한 성공을 진행하고 있지 않나 생각한다.

아무튼 좀 부족했더라도 포기하지 말자. 그 엄동설한에도 자기 역할을 다한 녀석들이 고개를 내밀고 있지 않은가? 저 모퉁이에 희망이라는 녀석이 손짓을 하고 있으니 주어진 역할을 다하면 머지않아 조우하게 될 것이 틀림없다고 본다.

> 기회는 사람은 자기 자신과의 싸움을 시작할 때 비로소 가치 있는 사람이 된다 (브라우닝)

## 먼 미래

사람들은 먼 미래에 무언가 되겠다는 꿈을 꾸지만 그 먼 미래는 그저 미래일 뿐이다. 오늘 주어진 일에 최선을 다하지 않는다면 미래의 꿈은 그만큼 멀리 있다. 반대로 하루하루 열심히 산다면 미래의 꿈은 한 걸음 더 다가오게 되어 있다. 누구나 성공을 꿈꾸고 성취하기를 원한다. 그런데 실제로 그 꿈을 이루는 사람은 그리 많지 않다. 왜 그럴까? 그 이유는 무엇일까? 거창한 계획 이후 한 걸음씩 나아가려는 행동 없이 그냥 막연히 원하기 때문이 아닐까? 그래서 먼 미래의 장밋빛을 위해서는 성공의 임계점을 만들어야 한다. 무언가를 얻고자 하는 사람의 임계점이 어디인지 알아야 한다. 말콤 그래드웰은 자기 분야에서 어느 정도 성공을 거두기 위해서는 1만 시간의 절대량을 투입해야 한다고 한다. 그런 Input이 없이 성공이라는 Output이 나오기 어렵다.

임계점이라면 가장 쉽게 표현하는 말이 물이 끓는 온도를 비유한다. 물은 섭씨 100℃에서 끓지 그 이하에서는 끓지 않는다. 98℃는 뜨겁게 느껴지지만 끓지는 않는 것이다. 여기서의 임계점은 100℃이다. 또 하나의 예를 들면 겨울에 나뭇가지를 보면 알 수 있다. 눈 오는 날 나무의 나뭇가지 위에 눈이 쌓인다. 눈이 쌓이다가 어느 시점에 눈이 하나 더 내려앉았는데 부러지고 마는 현상을 목격했을 것이다. 이게 임계점이다. 긍정의 임계점이 있는가 하면 부정의 임계점도 존재한다.

우리가 회사에 입사하여 푼돈으로는 집을 장만하기 어렵지만 한 푼, 두 푼 모아 어느 정도 종잣돈이 모이면 이때부터 더하기가 아닌 곱하기로 늘어나는 경험을 했을 것이다. 반대로 어떤 이는 종잣돈을 모으기는커녕 놀음과 빚을 내서 유흥비로 썼다면 어느 정도까지 더하기와 뺄셈으로 버티다가 결국 곱하기로 빚이 늘어나 감당할 수 없게 된다. 이러한 임계점의 선택은 주위 환경, 인간관계 등에 영향을 입는다. 행복한 사람 곁으로 가면 행복해질 가능성이 15% 더 높아진다고 한다. 우리 주변의 선후배가 누구냐에 따라 행복하고 즐거운 직장생활을 하느냐 아니면 그 반대냐가 결정된다. 이 차이는 미세하지만 엄청난 결과를 초래한다. 이왕이면 상대를 좋은 쪽으로 선도하려는 선후배가 되는 게 좋다.

어떤 선배, 어떤 후배인가?
어떤 선배, 어떤 후배로 기억되고 싶은가?

영업활동도 마찬가지다. 막연히 열심히 해야겠다는 생각만 가지고는 안 된다. 하려는 의지대로 좀 더 해내는 끝장 정신이 필요하다. 먼 미래의 상상휴를 위해서는 지금, 오늘 해야 할 일을 딛고 넘어서야 한다. 중요한 분수령인 이번 주의 중간이다. 어떤 모양새로 만들었는가? 무게추가 어디를 향하느냐의 미세한 차이가 그 사람의 결과치이다.

여러분은 어떤 결과치로 먼 미래를 만들어 가는가?
다시 한번 강조하지만 우리가 살아가는 인간관계도, 매일 거래처에 나가서 영업활동하는 것도 공짜가 없다. 노력의 절대량이 뒷받침되지 않고는 성공의 임계점을 넘을 수 없다. 우리가 만나는 사람, 거래처, 영업활동, 제품디테일, 영업스킬도 하나하나 누적되어 일정량이 초과하면 복리로 늘어나는 것이 세상의 이치, 임계점의 이치이고 이를 누적효과와 복리효과라고 나는 생각한다.

오늘 부진했다고 힘들어할 필요는 없다. 오늘 너무 잘 되었다고 우쭐거릴 필요도 없다. 자기에게 주어진 길을 기본(5-Action)에 충실하다 보면 먼 미래는 행복한 미소를 머금고 한 걸음씩 다가올 것이다. 그러니 꾸준함으로 먼 미래를 자신 있게 만들어가도록 오늘 최선을 다해 보자.

이제 여명의 시간이 어둡지만은 않다. 계절이 일하기 좋은 때로 바뀌고 있다.

장밋빛 미래는 성공의 임계점에 도달하고자 하는 과정과
노력을 통해 가까워진다

ACTION과 5-Action전략에 대해 (종합편)

# 종합편

영업 철학
(ACTION)과 5-Action전략에 대해

## 영업 철학 (ACTION)과 5-Action전략에 대해 (종합편)

약국가의 현장영업에서 스킬보다 더 중요한 것은 마인드이다. 전체 성과에서 일을 대하는 마인드가 차지하는 비중이 70%가 넘는다고 생각한다. 그동안 쭉 이야기하였던 ACTION에 대한 내용이다.

사실 영업에 있어 머리로만 생각하고 행동이 따르지 않으면 아무 소용이 없다. 다만 행동도 ACTION의 영업철학을 가지고 임한다면 고객을 자기 페이스로 끌어들이는 데 한결 수월할 것이다.

나도 예전에는 이런 체계적인 틀의 토대 위에서 업무에 임하지는 않았지만 전체적인 맥락에서 볼 때 지금까지 걸어온 길이라 감히 후배들에게 알려주고 싶다.

ACTION철학을 다시 한 번 소개하자면,
1. A : Attitude (태도)
2. C : C-Cycle 완성 Challenge, Change, Choice, Chance (도전, 변화, 선택, 기회)
3. T : Try (실행)
4. I : Innovation (혁신)

5. O : Open mind (열린 마음)

6. N : Never ever give up (절대 포기하지 마라)

1항에서 6항까지는 영업사원으로서 갖추어야 할 마인드라고 생각한다. 그리고 현장에서의 행동요령 Skill은 5-Action이다.

5-Action을 다시 한 번 설명해보면 전개 방법은 다음과 같다.

1. 주 1회 방문으로 거래처와의 관계를 성실성이라는 토대 위에서 신뢰로 구축하는 것. (불특정 다수의 고객이 아닌 지역 책임제 거래처이므로 주 1회 방문을 기본으로 운영)

2. 차별화된 영업활동 진행. (다수의 제약사와 경쟁하기 때문에 1항을 바탕으로 한 차별화 영업만이 생존)

3. 거래처 재고관리 선행 영업 진행. (1, 2항에 바탕을 두고 기존에 투입된 제품의 재고 선입선출 관리)

4. Gold-Zone 활동 강화. (1, 2, 3항을 바탕으로 한 골드존을 우리 제품과 Key-Man을 우리 편으로 선회토록 유도)

5. 3 NEW(신규투입제품, 신제품, 신규활동) 강화로 미래성장 동력 확보. (1, 2, 3, 4항에 바탕을 둔 3 NEW 활동 전개)

이런 영업철학(ACTION)과 영업스킬(5-Action)을 가지고 있는 영업사원이라면 지역에서 어떠한 어려움에 직면하더라도 능히 지속적인 성과를 가져올 것으로 기대한다.

결국 영업은 A, B, C이다. ACTION철학과 5-Action을 기본 (Basic)으로 지속적인 반복(Cycle)을 통해 자기 것으로 만들어 간다면 지속적인 성과(복리효과)로 나타날 것이다.

세계적인 동기부여 강사이자 베스트셀러 저자인 브라이언 트레이시는 다음과 같이 이야기했다. "별것 아닌 것처럼 보이지만 매일 0.1%씩 향상시킬 경우 첫 한 주 동안 자기 자신의 성과를 0.5% 향상시킬 수 있다. 매주 0.5%가 4주 동안 축적되면 2%가 향상되고 이는 1년 만에 26%가 향상됨을 뜻한다. 그리고 매년 26%씩 10년 동안 계속한다면 처음 시작에 비해서 무려 1,000%(복리로 정확히 계산하면 1,008%가 된다)라는 엄청난 성과를 창출할 수 있다."

위의 ACTION철학과 5-Action을 자기 것으로 만든다면 누구나 가능한 일이라고 생각한다. 영업철학(ACTION)과 영업스킬(5-Action)을 온전히 자기의 것으로 만들어 자신의 "진짜 실력"을 품을 수 있도록 하자!

우리 것으로 만든 우리는 정말 대단한 사업부임이 틀림없다.

## 진정한 차별화 영업(Differentiated business)이란 무엇일까? : 2 Action

우리가 흔히 5-Action의 두 번째 원칙인 차별화된 영업이 무엇인지 한번 생각해 볼 수 있는데 이를 결론적으로 말하면 성과가 따르지 않는 차별화는 무의미하다는 것이다. 물론 어떤 거래처는 즉각 반응이 나오는 곳도 있겠지만 일부 거래처는 언젠가는 나올 가능성에 대비하여 영업활동을 하곤 한다.

결국 성과 있는 차별화만이 제대로 된 차별화라고 본다. 남이 하지 않는 행동이나 판촉을 하는 게 차별화이기도 하지만 다르다고 무조건 차별화했다고 볼 수 있는 것은 아니다.

각자의 개성과 상대의 개성을 알면 어떤 식으로 해야 하는 건지 남들과 차별화하는 방법은 무궁무진하다.

무엇이 정답인지 정해지지 않은 상대의 분위기, 시간대, 날씨 등 여러 변수 가운데 어떠한 변수가 가장 좋은지를 선택하고 최적화하는 것도 담당자의 몫이다.

"지피지기이면 백전불태(知彼知己 百戰不殆)"
상대를 알고 나를 알면 백 번 싸워도 위태롭지 않다는 뜻으로,

상대편과 나의 약점과 강점을 충분히 알고 승산이 있을 때 싸움에 임하면 이길 수 있다는 말이다.

손자병법의 말을 인용하지 않더라도 영업에 있어서 여러 안테나를 세우고 상대의 의중과 윤곽을 파악해야 어떤 전략을 쓰면 효과적인지를 알게 되는 것이다. 우리는 현장에서 어떠한 차별화를 운영하는가?

우리가 간과하기 쉬운 것은 남들과 같은 노력을 하면서 남들과 다른 결과를 바라기 쉽다는 것이다. 이는 욕심에 지나지 않는다. 차별화는 남들과 다른 노력을 할 때 비로소 만들어지는 것이 아닐까?

어떤 남다른 노력을 하고 있는가?

무수히 많은 영업 사원들이 거래처를 방문할 것이다. 내가 가진 장점과 상대의 간절함에 답할 수 있는 차별화만이 경쟁우위를 점할 수 있다고 본다.

"차별화는 곧 경쟁력이다"

## 어떻게 해야 적정량의 재고를 유지하는가? : 3 Action

5-Action의 세 번째 원칙인 재고관리에 대해 생각해보는 시간을 갖자.

지난 번에 김밥아줌마의 재고관리와 삼성그룹이 IMF 이후 재고 최소화 노력으로 일류기업으로 발돋움한 사례를 이야기했던 것을 상기하면서 현재 우리의 약국 시장은 어떠한가 살펴보자.

먼저 우리의 주 고객인 약국의 입장에서 보면 약업계의 고질적인 병폐인 반품(반품에 대해 호혜적인 제약사)에 대해 유연하게 생각하여 의당 제약사에서 반품을 해준다는 전제로 운영하고 있다. 내 개인적인 생각으로는 약국이 발전하려면 타업종처럼 하자 있는 제품이 아니고서는 반품을 불허해야 서로 발전한다고 본다. 약국을 운영하는 입장에서는 사입하는 제품에 대한 전체적인 재고와 월 판매량을 감안하여 영업사원과 상담해야 맞다고 보는데 현실은 그리 진행되지 않는 게 다반사다. 다행인 것은 지금 신규로 OPEN하는 약국들은 점점 수평적인 관계를 유지하려는 모습을 보이고 있어 희망적이다.

영업활동의 기본인 5-Action의 세 번째 이야기는 우리가 거래하는 약국의 실상을 정확히 인지하고 대처해 나가야 한다는 것이다. 스마트폰으로 무장한 똑똑한 소비자들은 일반약을 사러 올 때 어떤 제품이 유명한 제품인지, 가격이 얼마인지 사전에 정보를 파악하고 오기에 상당히 까다롭다. 그리고 더 나아가서 유효기간을 따지는 고객이 늘어가기에 우리의 영업활동도 거기에 맞추어서 임해야 한다.

재고는 그 약국에서 팔고 있는 제품으로 투입시기와 투입량, 현재 재고를 감안하면 월간 소모량을 파악할 수 있어 영업활동의 바로미터라고 생각된다. 재고 파악과 월간 소모량을 알고 있다면 주변의 약국과 비교해 볼 때 어떻게 운영되고 있는지를 유추할 수 있기에 영업활동에 있어서의 재고관리는 상당히 중점을 두고 점검해야 할 사항이다. 영업 흐름을 얼마나 용이하게 만들어 가느냐는 재고관리의 효율성에 달려있고 이는 결국 영업사원으로서 성공의 척도이기도 한다. 따라서 출장 전에 거래처의 현황을 파악하고 지난 주 방문 시의 재고량과 사입시기를 고려하여 금일 재고량을 유추하고 어떻게 영업적으로 전개해나가야 할지를 검토하고 Image training 후 출장을 나가는 게 중요하다.

매출 올리기에 급급한 나머지 재고량이 많은데도 불구하고 목표달성이라는 미명 아래 재고 수량을 무시한 영업행태의 종말은 처참하다는 것을 명심해야 할 것이다.

안정적인 매출을 이어가기 위해서는 어떻게 임해야 하는가? 어떤 이는 바람직한 결과를 매번 만들어내지만 또 다른 이는 꾸준한 매출을 이어가지 못하는 것은 어떤 차이일까? 매일 반복되는 일상의 영업활동을 좀 더 멀리 내다보고 임하는 것이 중요하다.

재고관리는 숫자 파악만 하는 것이 아니라 매출을 이어가기 위한 세일즈 센스를 획득하고 자기가 원하는 방향으로 만들어 가는 것이다. 여러분은 어떤 마인드로 재고관리를 하는가? 〈귀사 후 익일 출장 거래처 카드분석(10분) 후 퇴근, 출근 후 출장 전 당일 방문 거래처 분석(10분) 후 출장 생활화〉

"위기일수록 기본에 충실한 조직이나 개인만이 성과를 발휘한다."

## 내가 생각하는 Gold-Zone : 4 Action

"5-Action"의 네 번째 이야기인 "Gold-Zone"에 관한 이야기이다. 이제는 각 매체들에서 "골드존"이라는 말을 많이 사용하고 있다. 우리 사업부가 처음 사용할 때만 해도 골드존이라는 말과 약국에서 받아들이는 행태들이 그저 그랬는데 요즈음에는 약국에서도 상당히 비중있게 자리 잡은 것 같다.

워낙 처방전 위주로 약국을 운영하다 보니 매약을 설명하여 판매하기가 어렵기에, 골드존에 제품을 진열하여 특장점을 가장 효과적으로 표현한 POP를 만들어 비치만 했는데 매출이 늘어난다는 것을 각 약국들이 이구동성으로 이야기하고 있듯이 골드존은 새삼스러운 것이 아니다.

어떤 약국에서 마진이 좋은 나노항균칫솔을 매대의 가장 좋은 곳에 배치했고 신경도 쓰지 않았는데도 불구하고 매출이 쑥 올랐다는 말을 많이 한다.

왜 그럴까?

매출이 늘어날 것으로 기대하지 않고 그냥 가장 눈에 띄는 장소에 놓기만 했는데도 매출이 이렇게 올라가는 것을 볼 때 엄청 신기하다는 이야기를 하는 약국들이 많다. 이것이 "Gold-Zone"

의 효과이다.

  재고관리를 통해서 잘 팔린 제품의 성공요인이 무엇인지 파악하고 생각보다 팔리지 않은 제품의 부진원인을 파악해보면 골드존의 영향이 크다.

  그만큼 골드존이 차지하는 비중이 점점 늘어나고 있어 각 회사마다 골드존에 자사의 제품을 안착시키기 위해 영업사원들이 상당히 노력하고 있다는 방증이다. 그렇다면 무조건 좋은 위치이면 골드존이라 할 수 있을까?

  물론 위치가 차지하는 비중이 가장 크다. 그러나 위치도 중요하지만 소비자의 주목을 끄는 POP물이라든지 거래처 Keyman의 의중이 반영된 위치선정이라야 제대로 효과를 볼 수 있다. 이도 정답은 없다.

  약국 위치, 공간 배치도, 약국장 성향, 주변 소비자의 연령대, 주택가인지 상업구역인지, 여러 상황에 따라 나른 것이 골드존이다. 그런 점에서 5-Action은 하나의 사이클이다. 한 단계 한 단계 올라가는 계단이 아니라 일련의 Total Process인 것이다.

  피터 드러커가 말한 것처럼 "미래는 예측하는 것이 아니라 만들어 가는 것이다."라고 할 때 골드존을 통해 약국가의 저변 품목으로 만들어 가는 것이 중요하다고 본다.

  이는 곧 우리 사업부나 영업사원의 존재가치가 드러나는 말이라고 보며 이를 실천해야 하는 이유이기도 한 것이다.

"궁즉통(窮卽通)"
마음을 다하면 비로소 이루어진다.
위기를 기회로 바꾸는 가장 쉬운 방법은 우리 제품을 "Gold-Zone"에 안착시키고 지속적으로 관심을 보이는 것이다. 이럴 때 소비자의 마음을 얻는다고 확신한다.

궁하면 통하는 방법이 아닌 자기 일에 마음을 다하면 비로소 이루어지는 Process가 Gold-Zone인 것이다. 머리나 입으로만이 아닌 손과 발이 모여서 만든 Gold-Zone이 진짜 골드존이다.

Gold-Zone을 통해 우리 제품이 거래처에서 발아되고 열매를 맺도록 마음을 다한다면 직장생활을 하는 내내 견고한 매출흐름으로 "상상휴와 성취감"이라는 선물을 덤으로 얻게 될 것이다.

"기본에 충실하면 어떤 어려움에도 능히 이겨낼 힘이 생긴다."
이게 우리의 가치이자 존재의 이유인 것이다.

## 성장동력을 키우려면 3 NEW : 5 Action

5-Action의 마지막 단계인 3 New이다. 거래처의 신규제품 투입과 신제품, 신규거래선 확보가 3 New이다. 영업활동의 Total Process를 5-Action이라고 했던 점을 주목해야 한다.

우리가 기술시간에 배웠던 내연기관의 4행정을 기초로 현재의 자동차나 모든 엔진이 움직인다는 것을 모두가 잘 알 것이다. 나는 어렸을 때 발동기를 분해하는 부친의 작업을 보면서 피스톤과 실린더의 작동으로 연료가 기계적인 에너지로 변화하는 과정을 이해했던 기억이 떠오른다. 자동차는 물론이고 어떤 엔진이든지 4행정으로 이루어져 있다.

즉 "흡입 ➔ 압축 ➔ 폭발 ➔ 배기"라는 4행정을 무한 반복함으로써 화석연료가 기계적인 에너지로 바뀌는 것이다. 인간사도 모든 것이 이러한 형태로 이루어져 있다고 본다.

우리의 영업활동도 마찬가지이다. 1 Action, 2 Action, 3 Action, 4 Action 바탕 위에 3 New가 더해져야지 3 New만을 추구하는 사람들 가운데 제대로 유지되는 사람을 보지 못했다.

결국 1, 2, 3, 4 Action을 바탕으로 신규제품, 신제품이 론칭되고 새로운 거래처가 확보된다면 영업의 5단계가 완성되는 것이며 또한 자기 지역에서 성장하는 것이다. 다른 사람과의 비교도 중요하겠지만 자신의 성장에 우선 주목할 필요가 있다.

  지난 달이나 작년 이맘 때와 현재의 자신을 비교할 때면 그 자체가 스트레스를 주진 않는다. 다만 타인과의 비교를 통해 우리는 많은 스트레스와 무기력을 경험하곤 하는데 반대로 자신의 성장 과정을 돌이켜본다면 의외로 자신감과 희열을 느낄 수 있다. 자기의 영역에서 지속적으로 성장하는 방법은 무엇인가 고민해 볼 필요가 있다.

꿈을 이루지 못한 사람들은 "나는 재능이 없었어."라고 말한다. 꿈을 이루지 못한 이유가 재능이 없었다는 것이라면 꿈을 이룬 사람들은 모두 "재능이 있었다."라고 대답하는 것이 맞겠지만 성공한 사람 중에 그런 대답을 하는 사람은 한 명도 없다. 꿈을 이룬 사람들은 "정말로 하고 싶었던 일을 열정을 가지고 계속 했을 뿐이다."라고 말한다.

〈기타가와 야스시, '편지가게'에서〉

  일에 대한 열정이 추진력이다. 한 순간의 열정으로만 잘 된다면 이 얼마나 좋은 일이겠는가? 그러나 세상에 그런 일은 없다. 지속해야 한다. 우리가 모는 자동차도 스스로에게 주어진 4행정의 무한한 반복을 통해 스피드로 전환하는 것이다.

  영업활동도 자기가 하는 기본활동을 빠지지 않고 끊임없이 반복함으로써 남들과 견줄 만한 실력이 생기고 앞서가는 것이다.

## 주 1회 방문이 주는 의미 : 1 Action

"논의 벼는 농사꾼의 발소리를 들으면서 자라고 거래처 약국은 담당자의 발걸음에 따라 성장한다."

5-Action의 으뜸이고 가장 기본이 되어야 할 항목이다. 그래서 가장 나중에 소개하는 것이다.

방문하지 않고 차별화만 가지고 될까? 방문도 않고 차별화도 없이 전화로 재고파악을 한다면 얼마나 유지되겠는가? 방문도 않고 차별화도 없이 재고도 모른다면 우리 제품을 Gold-Zone에 안착할 수 있을까? 어려운 일이고 5-Action 중에서 가장 으뜸이 되는 내용이라는 것을 이구동성으로 이야기하는 이유가 있는 것이다.

사람 인(人) 자의 형상대로 서로 기대어 관계를 만들어야 하는 것이 사람인 것이다. 서로 얼굴을 보면서 교감을 해야 관계가 오래간다. 전화나 문자를 통해서도 가능한 일이지만 오래 가지도 못하고 효과적이라고 볼 수 없을 것이다.

"세상에서 가장 어려운 일이 뭔지 아니?"

"흠…. 글쎄요, 돈 버는 일? 밥 먹는 일?"

"세상에서 가장 어려운 일은 사람이 사람의 마음을 얻는 일이란다. 각각의 얼굴만큼 다양한 각양각색의 마음을, 한 순간에도 수만 가지의 생각이 떠오르는데 그 바람 같은 마음을 머물게 한다는 건 정말 어려운 거란다."

〈생텍쥐페리, '어린왕자'에서〉

각양각색의 군상들이 갖는 마음은 시시각각 변한다. 지난주 방문했을 때와 마음이 그대로라면 좋겠지만 그 때 그 때 달라지는 게 사람 마음이라 만나지 않고서는 알 수가 없다. 그래서 꾸준히 요일별로 시간에 맞추어 방문하는 것을 원칙으로 하다보면 상대가 나를 알아주는 시기가 있다. "신뢰의 임계점"에 도달할 때까지 방문해보는 것이 아주 중요하다.

누구나 할 수 있는 일이지만 아무나 지속하기는 어려운 일이 주 1회 방문 원칙이기도 하다. 그러나 이는 영업활동 중에서 가장 기본적이고도 중요한 일이라는 점을 명심하고 실천해야 한다.

헨리 포드의 "이 세상에 성공의 비결이란 것이 있다면 그것은 타인의 관점을 잘 포착해 그들의 입장에서 사물을 볼 수 있는 재능, 바로 그것이다."라는 말처럼 방문하고 얼굴을 마주해 상대의 눈빛을 보고 헤아릴 수 있어야 영업활동에서 성공할 수 있는 것이다.

자기에게 주어진 일에 있어서 우선 5-Action을 자기 것으로 만들어 성공의 길로 가는 사업부 일원이 되길 바란다.

"5-Action = Total Process"

어떤 마음가짐으로 받아들이고 행동하느냐에 따라 결과는 사뭇 다르게 나타난다.

무엇을 선택할 것인가는 여러분 몫이다.

소통으로 이루어지는
# 새벽울림

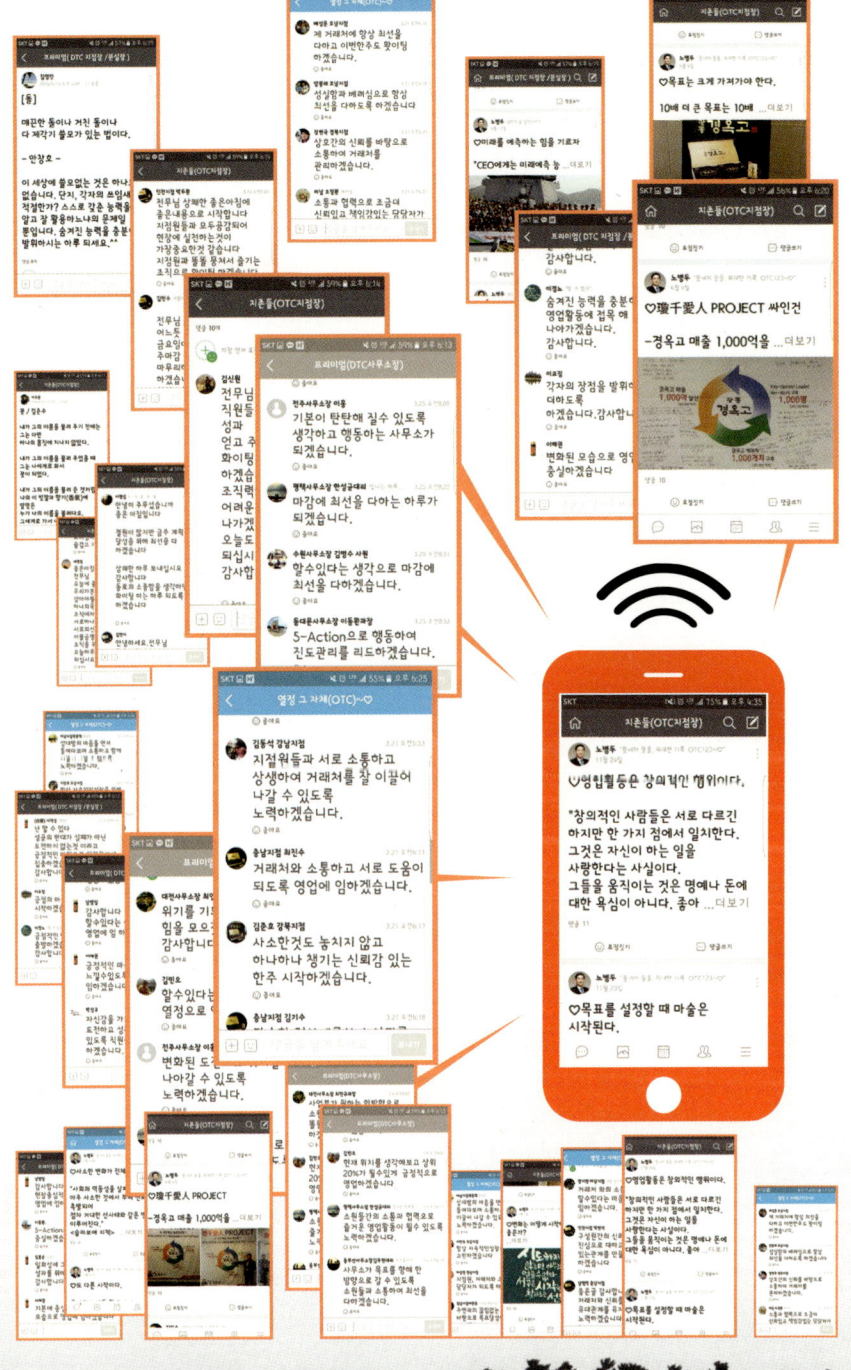

초판 1쇄 인쇄 2016년 5월 23일
초판 1쇄 발행 2016년 5월 30일

지은이      노병두
펴낸곳      도서출판 지누

출판등록    2005년 5월 2일
등록번호    제313-2005-89호
주소        (04165) 서울특별시 마포구 마포대로 15 현대빌딩 907호
전화        02)3272-2052 팩스 02)3272-2053
홈페이지    www.jinubooks.com
전자우편    seongju7@hanmail.net
인쇄·제본   (주)갑우문화사

값 15,000원
ⓒ 도서출판 지누, 2016
ISBN 979-11-952061-8-6 (13190)
이 책은 저작권법에 의하여 보호받는 저작물이므로 무단 전재와 복제를 금합니다.